LK 3507

(C)

L

HOMMAGE A MARIE.

SOUVENIRS INTIMES

D'UN

PÉLERINAGE A LA SALETTE,

Le 19 septembre 1847.

Confiteor tibi, pater, Domine, cœli et terræ, quia abscondisti hæc à sapientibus et prudentibus, et revelasti ea parvulis.

Je vous rends gloire, mon père, Seigneur Dieu du ciel et de la terre, de ce que vous avez caché ces choses aux sages et aux prudents, et que vous les avez révélées aux PETITS.
(St-Matth. ch. XI. v. 25).

Par M. l'Abbé ARBAUD,

Professeur au Petit-Séminaire de Forcalquier.

DIGNE,
REPOS, IMPRIMEUR-LIBRAIRE,
Cours des Arès, 5.

1848.

Tout Exemplaire du présent Ouvrage qui ne porterait pas, comme ci-dessous, la Griffe de l'Auteur, sera contrefait.

Les mesures nécessaires seront prises pour atteindre, conformément à la loi, les fabricants et les débitants de ces exemplaires.

INTRODUCTION

ou

APERÇU PHILOSOPHIQUE

SUR L'APPARITION

DE LA SAINTE VIERGE

A LA SALETTE.

DIGNE, IMPRIMERIE DE REPOS.

INTRODUCTION

ou

APERÇU PHILOSOPHIQUE

sur l'apparition

DE LA SAINTE VIERGE

A LA SALETTE (1).

Quand la généralité des esprits qui composent un peuple s'est laissée séduire par le mensonge, quand une nation catholique appelée à exercer une grande influence a profondément dévié de la voie qui lui avait été tracée, quand elle a méconnu ses traditions, renié sa foi, foulé aux pieds la morale, substitué à l'intérêt religieux l'intérêt matériel ; il est de la bonté, de la miséricorde, de la dignité de Dieu de l'instruire et de la réveiller par un de ces évènements merveilleux, destinés à secouer les hommes et à les arracher, s'il se peut, à leur funeste assoupissement. Ainsi agirait un père plein de tendresse et d'amour pour sa chère famille. Avant de frapper sur elle un grand coup, avant de faire éclater sa juste colère, si des désordres honteux l'avaient allumée, il prierait, il solliciterait, il conjurerait les membres coupables de revenir à de meilleurs sentiments.

---

(1) Les personnes qui n'aiment pas beaucoup les considérations philosophiques, pourront passer immédiatement au Chapitre premier. Cependant, la lecture de l'introduction pourrait leur inspirer, pour les apparitions en général et pour celle de la Salette en particulier, une confiance qu'elles n'ont peut-être pas.

A la vérité, dans une époque de décadence religieuse, dans un temps où les épaisses ténèbres du doute ont obscurci les brillantes lumières du catholicisme, il est à peu près certain qu'une manifestation du monde surnaturel, si remarquable qu'elle puisse être, n'excitera qu'une sensation passagère et locale. Bien plus, elle servira, si l'on veut, de pâture à ces esprits étroits et malins qui manient si bien l'arme puissante du ridicule. Mais après tout, les abus et la témérité de l'homme peuvent-ils arrêter, dans sa marche triomphante, l'exécution du plan divin ? . . . . . Faudra-t-il que la Providence qui tient dans ses mains les rênes du monde, se laisse enchaîner par ses ennemis et se laisse emprisonner dans le cachot d'une hideuse abstraction ? — Non, cela ne se peut pas. Il ne se peut pas que Dieu soit lié, garotté, comme un esclave. Il ne se peut pas que Dieu soit forcé de se taire et de se cacher. Sa nature est expansive, sa nature est communicative, sa nature est unitive, *Deus est caritas* ; Dieu est amour (1). A lui appartiennent la vie, le mouvement, la plénitude de l'être. Dieu est un feu qui embrase, un feu qui consume, un feu qui dévore. Père de la grande famille humaine, il se doit à lui-même, il doit à son amour, il doit à ses enfants, de déchirer quelquefois le voile mystérieux et impénétrable qui le cache à leurs yeux. Il faut que de temps en temps, il montre un éclair de sa puissance, un rayon de sa gloire soit dans lui, soit dans les Anges et les Saints qui ne sont qu'un pâle reflet de sa perfection sans bornes, sans limites. Il faut qu'il se fasse connaître à sa créature, il faut qu'il se révèle à ses sens dans la mesure, dans les proportions qui conviennent le mieux à la sage distribution de ses dons et aux fins qu'il s'est proposées.

A l'appui de cette théorie, peut-on citer des exemples? — Oui, ils sont fréquents dans l'Ecriture Sainte ; ils ne sont pas rares dans la vie authentique des Saints.

Selon l'Ecclésiastique (2), Dieu s'est révélé de vive voix à nos premiers parents : « Il les a remplis de la lumière » de l'intelligence, leur a donné la science de l'esprit, a

(1) S. Jean, Epît. Chap. 1, v. 8.
(2) Ecclésiastique, Chap. 17, v. 5 et suivants.

» doué leur cœur de sentiment, leur a montré le bien et
» le mal; il a fait luire son soleil sur leurs cœurs, afin
» qu'ils vissent la magnificence de ses ouvrages, qu'ils bé-
» nissent son saint nom, qu'ils le glorifiassent de ses mer-
» veilles et de la grandeur de ses œuvres. Il leur a *prescrit*
» des règles de conduite, et les a rendus dépositaires de
» la loi de vie. Il a fait avec eux une alliance éternelle,
» leur a enseigné les préceptes de sa justice. *Ils ont vu*
» *l'éclat de sa gloire, ils ont été honorés des leçons de sa voix*;
» il leur a dit : fuyez toute iniquité; il a ordonné à chacun
» de veiller sur son prochain. »

Après qu'Adam et Ève eurent péché, l'Ecriture dit: « Et
» comme ils eurent entendu la voix du Seigneur Dieu, qui
» *se promenait* dans le paradis après midi, lorsqu'il s'élève
» un vent doux, ils se retirèrent au milieu des arbres du
» paradis, pour se cacher devant sa face. Alors le Seigneur
« Dieu appela Adam, et lui dit : Où êtes-vous? Adam lui
» répondit : j'ai *entendu votre voix* dans le paradis et j'ai eu
» peur parce que j'étais nu ; c'est pourquoi je me suis
» caché (1). »

Dieu voyant la corruption générale de la terre, dit à Noé :
« J'ai résolu de faire périr tous les hommes; ils ont rempli
» toute la terre d'iniquité, et je les exterminerai avec tout
» ce qui vit sur la terre (2). »

Dieu s'est montré à Abraham à plusieurs reprises. Voici
ce que dit la Genèse : « Quelque temps après, Abraham
» étant parvenu à sa quatre-vingt-dix-neuvième année, le
» Seigneur lui *apparut*, et lui dit : je suis le Dieu tout-
» puissant : marchez devant moi et soyez parfait ; je ferai
» alliance avec vous, et je multiplierai votre race jusqu'à
» l'infini. Abraham se prosterna le visage contre terre (3). »

On lit dans un autre endroit :

« Peu de temps après, le Seigneur *apparut* à Abraham
» en la vallée de Mambré, lorsqu'il était assis à la porte
» de sa tente, dans la plus grande chaleur du jour. Ayant
» levé les yeux, Abraham vit trois hommes près de lui :

(1) Genèse, Chap. 3, v. 8 et suivants.
(2) Genèse, Chap. 6, v. 13.
(3) Genèse, Chap. 17, v. 1 et suivants.

» aussitôt qu'il les eut aperçus, il courut de la porte de sa
» tente au devant d'eux, et il se prosterna en terre (1). »

Le patriarche Jacob eut à soutenir une lutte mystérieuse qui est racontée en ces termes :

« Et s'étant levé de fort bonne heure, il prit ses deux
» femmes et leurs deux servantes, avec ses onze fils, et
» passa le gué de Jaboc. Après avoir fait passer tout ce qui
» était à lui, il demeura seul. Et il *parut* en même temps
» un homme qui lutta contre lui jusqu'au matin. Cet homme
» voyant qu'il ne pouvait le surmonter, lui toucha le nerf
» de la cuisse, qui se sécha aussitôt. Et il lui dit : laissez-
» moi aller ; car l'aurore commence à paraître. Jacob lui
» répondit : je ne vous laisserai point aller que vous ne
» m'ayez béni. Cet homme lui demanda : comment vous
» appelez-vous? il lui répondit : Jacob. Et le même homme
» ajouta : On ne vous nommera plus Jacob à l'avenir, mais
» Israël ; car si vous avez été fort contre Dieu, combien le
» serez-vous davantage contre les hommes ! Jacob lui fit
» ensuite cette demande : dites-moi, comment vous vous
» appelez. Il lui répondit : pourquoi demandez-vous mon
» nom ? Et il le *bénit* en ce même lieu. Jacob donna à ce
» lieu-là le nom de Phanuel (la face de Dieu) en disant :
» j'ai *vu Dieu face à face*, et mon âme a été sauvée (2). »

On lit dans l'Exode :

« Cependant Moïse conduisait les brebis de Jéthro, son
» beau-père, prêtre de Madian ; ayant mené son troupeau
» bien avant dans le désert, il vint à la montagne de Dieu,
» appelée Horeb. Et le Seigneur lui *apparut* dans une flamme
» de feu qui sortait du milieu d'un buisson, et il *voyait*
» brûler le buisson sans qu'il se consumât. Moïse dit donc :
» il faut que j'aille reconnaître qu'elle est cette grande mer-
» veille que je vois, et pourquoi ce buisson ne se consume
» point. Mais le Seigneur le voyant venir pour considérer ce
» qu'il voyait, l'appela du milieu du buisson, et lui dit :
» Moïse, Moïse. Il lui répondit : Me voici. Et Dieu ajouta :
» N'approchez pas d'ici ; ôtez les souliers de vos pieds,
» parce que le lieu où vous êtes, est une terre sainte. Il

(1) Genèse, Chap. 18, v. 1 et 2.
(2) Genèse, Chap. 32, v. 22 et suivants.

» dit encore : Je suis le Dieu de votre père, le Dieu d'A-
» braham, le Dieu d'Isaac, et le Dieu de Jacob. Moïse se
» cacha le visage, parce qu'il n'osait *regarder* Dieu (1). »
On lit dans un autre endroit du même livre :

« Lorsque Moïse sortait pour aller au Tabernacle, tout
» le peuple se levait et chacun se tenait debout à l'entrée
» de sa tente, et regardait Moïse par derrière, jusqu'à ce
» qu'il fut entré dans le Tabernacle. Quand Moïse était
» entré dans le Tabernacle de l'alliance, la colonne de nuée
» descendait et se tenait à la porte, et le Seigneur *parlait*
» avec Moïse. Tous les enfants d'Israël, voyant que la co-
» lonne de nuée se tenait à l'entrée du Tabernacle, se
» tenaient aussi eux-mêmes à l'entrée de leurs tentes et y
» adoraient le Seigneur. Or, le Seigneur *parlait* à Moïse
» *face à face*, comme un homme a accoutumé de parler
» à son ami. Or, Moïse dit au Seigneur : vous me commandez
» d'emmener ce peuple et vous ne me dites pas qui vous
» devez envoyer avec moi, quoique vous m'ayez dit : Je
» vous connais par votre nom, et vous avez trouvé grâce
» devant moi. Si donc, j'ai trouvé grâce devant vous, faites
» voir votre visage, afin que je trouve grâce devant vos
» yeux ; regardez favorablement cette grande multitude qui
» est votre peuple. Le Seigneur lui dit : Je marcherai en
» personne devant vous, et je vous procurerai le repos.
» Moïse lui dit : Si vous ne marchez vous-même devant
» nous, ne nous faites point sortir de ce lieu ; car comment
» pourrons-nous savoir, moi et votre peuple, que nous
» avons trouvé grâce devant vous, si vous ne marchez avec
» nous, afin que nous soyons en honneur et en gloire parmi
» tous les peuples qui habitent sur la terre ? Le Seigneur
» dit à Moïse : Je ferai ce que vous venez de me deman-
» der ; car vous avez trouvé grâce devant moi, et je vous
» connais par votre nom. Moïse lui dit : Faites-moi voir
» votre gloire. Le Seigneur lui répondit : Je vous ferai *voir*
» toutes sortes de biens ; et je prononcerai devant vous
» le nom de *Jéhova* ; je ferai miséricorde à qui je voudrai
» et j'userai de clémence envers qui il me plaira. Dieu
» ajouta : Vous ne pourrez voir mon visage, car nul homme

(1) Exode, Chap. 3, v. 1 et suivants.

» ne me verra sans mourir. Le Seigneur dit encore : Il y a
» un lieu où je suis, et vous vous tiendrez sur la pierre.
» Et lorsque ma gloire *passera*, je vous mettrai dans l'ou-
» verture de la pierre, et je vous couvrirai de ma main
» jusqu'à ce que je sois passé. J'ôterai ensuite ma main,
» et vous me *verrez par derrière*, mais vous ne pourrez
» voir mon visage. Le Seigneur dit ensuite à Moïse : Faites-
» vous deux tables de pierre qui soient comme les premiè-
» res, et j'y écrirai les paroles qui étaient sur les tables que
» vous avez rompues. Soyez prêt dès le matin pour monter
» aussitôt sur la montagne de Sinaï, et vous demeurerez
» avec moi sur le haut de la montagne. Que personne ne
» monte avec vous, et que nul ne paraisse sur toute la mon-
» tagne ; que les bœufs même et les brebis ne paissent point
» vis-à-vis. Moïse tailla donc deux tables de pierre telles
» qu'étaient les premières, et se levant avant le jour, il
» monta sur la montagne de Sinaï, portant avec lui les
» tables, selon que le Seigneur le lui avait ordonné. Alors
» le Seigneur étant *descendu* au milieu de la nuée, Moïse
» se tint en sa présence invoquant le nom du Seigneur.
» Et comme le Seigneur *passait devant lui*, il dit : Domi-
» nateur, Seigneur Dieu, qui êtes plein de compassion et
» de clémence, patient, riche en miséricorde, et véritable ;
» qui conservez miséricorde jusqu'à mille générations ; qui
» effacez l'iniquité, les crimes et les péchés ; devant lequel
» nul n'est innocent par lui-même, et qui rendez l'iniquité
» des pères aux enfants jusqu'à la troisième et quatrième
» génération !..... En même temps, Moïse se prosterna
» contre terre, et adorant il ajouta : Seigneur, si j'ai trouvé
» grâce devant vous, marchez, je vous supplie, avec nous (1). »

Il serait trop long de citer les diverses apparitions qui ont eu lieu en faveur des prophètes, et dans lesquelles Dieu leur intimait explicitement ses volontés.

Les Pères de l'Église ont agité la question de savoir si c'était Dieu lui-même qui se rendait présent et visible aux hommes, ou si c'était un ange qui parlait et agissait au nom de Dieu. Quelques-uns ont cru que c'étaient des anges, mais presque tous les anciens ont été persuadés que c'était

(1) Exode, Chap. 33 et 34.

le Verbe divin, seconde personne de la Sainte Trinité, qui préludait ainsi au mystère de l'Incarnation.

Quoiqu'il en soit, ainsi que nous l'enseigne le Nouveau Testament, la manifestation de Dieu parmi les hommes n'a pas été obscure, lorsque J.-C. a paru sur la terre. Il a montré sa puissance par des signes admirables, il a révélé un éclair de sa gloire sur le Thabor, il a conversé avec ses disciples dans un corps spiritualisé et immortel.

Dans plusieurs circonstances, Dieu voulant parler aux hommes ou les assister, s'est servi du ministère des anges.

Le Seigneur ordonne à Abraham d'immoler son fils. Le père des croyants obéit sans murmure. Un autel est dressé sur une montagne solitaire; Isaac, comme un tendre agneau, est lié sur le bois qui doit le consumer. Abraham étend la main, saisit le couteau pour immoler la victime. « Mais dans
» l'instant l'ange du Seigneur lui cria du ciel : Abraham,
» Abraham. Il répondit : me voici. L'ange ajouta : ne mettez
» point la main sur l'enfant, et ne lui faites aucun mal ;
» je connais maintenant que vous craignez Dieu, puisque
» pour m'obéir, vous n'avez point épargné votre fils uni-
» que (1). »

Tobie plein de reconnaissance pour les services qu'un jeune inconnu avait rendus à son fils, durant son voyage au pays des Mèdes, lui propose de recevoir la moitié de tous les biens qui ont été apportés, mais l'étranger lui répond :
» je suis l'ange Raphaël, l'un des sept qui sommes présents
» devant le Seigneur..... La paix soit avec vous.....
» bénissez le Seigneur et chantez ses louanges..... Il
» paraissait à la vérité que je buvais et que je mangeais
» avec vous; mais je me nourris d'une viande invisible, et
» d'un breuvage qui ne peut être vu des hommes (2). »

L'incarnation du Verbe est annoncée par un ange. St.-Luc dit : « Or, l'ange Gabriel fut envoyé de Dieu en une ville
» de Galilée, appelée Nazareth, à une vierge qui était fian-
» cée à un homme de la maison de David, appelé Joseph;
» et cette vierge s'appelait Marie. L'ange étant entré où elle
» était, lui dit : je vous salue, ô pleine de grâce, le Sei-

(1) Genèse, Chap. 22, v. 11 et 12.
(2) Tobie, Chap. 12, v. 15 et les suivants.

» gneur est avec vous ; vous êtes bénie entre les fem-
» mes (1). »

Non seulement Dieu a confié à des anges le soin d'annoncer ses ordres, mais il s'est servi de l'ombre du prophète Samuël pour faire connaître à Saül la réprobation dont il était frappé. Ceci résulte du passage suivant du livre des Rois où l'on verra un des épisodes les plus étonnants de la vie de Saül.

« Or, dit l'écrivain sacré, Samuël était mort ; tout Israël
» l'avait pleuré, et il avait été enterré dans la ville de
» Ramatha, lieu de sa naissance : et Saül avait chassé les
» magiciens et les devins de son royaume. Et ayant vu
» l'armée des philistins, il eut peur, et son cœur se trou-
» bla. Il consulta le Seigneur ; mais le Seigneur ne lui ré-
» pondit ni en songes, ni par les prêtres, ni par les prophètes.
» Alors, il dit à ses officiers : cherchez une femme qui ait
» un esprit de Python (de divination), afin que j'aille la
» trouver, et que par son moyen je puisse consulter. Les
» serviteurs lui dirent : il y a à Endor une femme qui a un
» esprit de Python. Saül se déguisa donc, changea d'habits,
» et s'en alla accompagné de deux hommes seulement. Il
» vint la nuit chez cette femme, et il lui dit : consultez
» pour moi l'esprit de Python, et évoquez-moi celui que
» je vous dirai. Cette femme lui répondit : Vous savez tout
» ce qu'a fait Saül, et de quelle manière il a exterminé les
» magiciens et les devins de toutes ses terres : pourquoi donc
» me tendez-vous un piège pour me perdre ? Saül lui jura
» par le Seigneur et lui dit : Vive le Seigneur ! il ne vous ar-
» rivera de ceci aucun mal. La femme lui dit : qui voulez-
» vous voir ? il lui répondit : faites-moi venir Samuël. La
» femme *ayant vu Samuël*, jeta un grand cri, et dit à Saül :
» pourquoi m'avez-vous trompée ? car vous êtes Saül. Le roi
» lui dit : ne craignez point. Qu'avez-vous vu ? j'ai *vu*, lui
» dit-elle, un *Dieu* qui sortait de la terre. Saül lui dit : com-
» ment est-il fait ? — c'est, dit-elle, un vieillard couvert d'un
» manteau. Saül reconnut donc que c'était Samuël ; et il fit
» une profonde révérence en se baissant jusqu'à terre.
» Samuël dit à Saül : pourquoi avez-vous troublé mon

(1) St.-Luc, Chap. 1, v. 26, 27 et 28.

» repos en me faisant évoquer ? Saül lui répondit : je suis
» dans une extrême angoisse : les philistins me font la
» guerre, et Dieu s'est retiré de moi ; il ne m'a voulu ré-
» pondre ni par les prophètes ni en songes : c'est pourquoi
» je vous ai fait évoquer, afin que vous m'appreniez ce que
» je dois faire. Samuël lui dit : pourquoi vous adressez-vous
» à moi, puisque le Seigneur vous a abandonné et qu'il est
» passé du côté de votre rival ? car le Seigneur vous traitera
» comme je vous l'ai dit de sa part ; il arrachera votre royau-
» me de vos mains, pour le donner à David votre semblable,
» parce que vous n'avez point obéi à la voix du Seigneur, ni
» exécuté l'arrêt de sa colère contre les Amalécites ; c'est
» pour cela que le Seigneur vous envoie aujourd'hui ce que
» vous souffrez. Il livrera même Israël avec vous entre les
» mains des philistins. Demain vous serez avec moi, vous et
» vos fils ; et le Seigneur abandonnera aux philistins le camp
» même d'Israël. Saül tomba aussitôt et demeura étendu sur la
» terre, car les paroles de Samuël l'avaient épouvanté (1). »

Après cela, est-il nécessaire de citer des exemples de révélations et d'apparitions puisés dans l'Histoire des Saints ?
— Non, les vies des Saints et Saintes en sont presque rem-
plies. On n'a qu'à les lire, pour se convaincre que Dieu a
pris pour les amener à lui, pour les gagner, pour les façonner
à ses desseins, les moyens les plus énergiques, les plus efficaces, et souvent les voies surnaturelles. Depuis Saint Paul
qui est renversé sur le chemin de Damas par une lumière
éblouissante, jusqu'à ce juif célèbre que la Sainte Vierge abat
de sa gloire immortelle dans une basilique de Rome, Dieu
triomphe d'une manière admirable dans ses Saints. Alors
même qu'ils paraissent rebelles à ses volontés, alors que la
malice humaine semble défier sa puissance, il brise les vases
d'iniquité pour en faire des vases d'élection.

Pour donner quelque autorité à leurs paroles, plusieurs
hommes célèbres de l'antiquité, ont supposé que leurs lois
et leurs préceptes leur avaient été révélés.

Numa-Pompilius, second roi de Rome, voulant consolider
ses réformes, eut recours aux prodiges, et feignit d'avoir
des entretiens avec la nymphe Egérie.

(1) Livre 1 des Rois, Chap. 28, v. 3 et les suivants.

Le fils de Sophronisque, le philosophe éminent de la Grèce, Socrate prétendait qu'un démon ou génie lui servait de guide. Il en parlait souvent à ses disciples, et ne se livrait à aucune démarche importante sans le consulter. Galaxidore disait que Socrate considérait ce génie comme très-réel et qu'il connaissait ses avis par des éternuments qui le prenaient, lui ou ses amis, à droite ou à gauche.

Mahomet, prophète de la Mecque, attribuait toutes ses connaissances à l'Ange Gabriel, qui lui faisait, disait-il, de fréquentes visites. Bien plus, la douzième année de sa mission, il déclara qu'il allait faire un voyage nocturne de la Mecque à Jérusalem, et de là au ciel. C'était une supercherie fort adroite de sa part. Par là il persuadait à ses coreligionnaires qu'il avait eu avec Dieu des entretiens familiers, ainsi que Moïse en avait eu sur le Sinaï, et qu'il avait reçu de lui immédiatement plusieurs ordonnances.

Les Païens étaient persuadés que leurs Dieux se montraient quelquefois à eux, soit en songe, soit dans les mystères; et ils appelaient cette faveur *théopsie; vue des Dieux*.

L'abbé Foucher dans une suite de mémoires fort curieux, a prouvé que les anciens croyaient aux *théophanies permanentes*. On entend par théophanie la manifestation d'un Dieu dans un corps réel et tellement propre à lui, qu'il naît comme les autres hommes, grandit, vieillit et meurt comme eux, soit de mort naturelle, soit de mort violente. C'est ainsi que le Jupiter des anciens, avait successivement revêtu une infinité de formes, suivant le but qu'il se proposait. Chacune de ces formes lui avait fait donner des dénominations différentes, et, voilà pourquoi Varron, le plus savant des Romains, compta, dit-on, jusqu'à trois cents noms qui désignaient le maître des Dieux et de l'Olympe.

Ces dernières apparitions, et bien d'autres que nous fournit la mythologie, sont fausses, sans doute, mais elles prouvent qu'il y en a de véritables, comme la fausse monnaie prouve qu'il y en a une vraie. Elles témoignent de la persuation générale, et de la foi des peuples à la possibilité d'une manifestation surnaturelle.

Il résulte au contraire des citations que nous avons faites, d'après les Livres saints, que les communications soit de Dieu, soit de ses agents avec les hommes, n'ont point été rares dans le monde et sont basées sur des témoignages inébranlables.

Mais voici la plainte que formulent aussitôt les esprits timides. Ils disent : comment ajouter foi à des miracles, à des révélations, à des apparitions qui ne se passent jamais que devant un petit nombre de témoins? comment se fier à tant de rapports suspects et dont la source offre si peu de garanties? Nous croirions volontiers à ces événements s'ils s'étaient passés au grand jour, devant nos yeux, à la vue de tout un peuple, de toute une cité. A défaut de ces circonstances, il n'y a rien de moins probable que ces prétendues visions et apparitions. Il est donc inutile d'en parler.

C'est avec un pareil langage qu'on se trompe soi-même et que l'on tient surtout à tromper les autres. C'est par là qu'on repousse la vérité ; c'est par là qu'on s'abuse, qu'on se flatte, qu'on s'illusionne. On voudrait une clarté sans mesure, un ciel sans nuages, une religion sans mystères ; on voudrait que tout fût palpable, évident, entièrement découvert ; on voudrait qu'une apparition fût tellement éclatante, tellement publique, tellement caractérisée qu'à moins d'être aveugle, il fût impossible de ne pas la reconnaître. Et comme l'ordre de justice, d'épreuves, de combats auquel nous sommes soumis, s'oppose à une révélation totale et complète de cette lumière que l'on entrevoit, on s'obstine dans une coupable dénégation ; ou, si l'on ne porte pas la témérité jusqu'à contester a Dieu le pouvoir de se montrer, on repousse par une cruelle indifférence les dons et les faveurs qu'il nous accorde comme remèdes préventifs. Quel orgueil ! quelle faiblesse ! qu'elle injustice ! Est-ce vous qui refuserez à Dieu la faculté de se faire connaître? Est-ce vous qui limiterez sa puissance ? Est-ce vous qui l'empêcherez de se communiquer à ses créatures? Est-ce vous qui avez la prétention de régler le temps, le lieu, la manière, la mesure de ces révélations? Dieu est-il obligé de se soumettre à vos caprices, à vos désirs, à vos exigences souvent ridicules et insensées? N'est-ce pas à lui à poser les règles de son action? Et quand son action est extraordinaire, n'est-ce pas à lui à déterminer les conditions nécessaires et suffisantes qui doivent la faire admettre par une raison impartiale? Vous direz : mais ces conditions suffisantes sont tellement nuisibles à l'admission du fait et tellement rigoureuses, que l'action divine est perdue au sein de l'humanité qui la nie et la méprise. Point du tout. L'action divine n'est jamais submergée vainement sous les flots du doute. Je suppose que les bornes et les obscurités des manifestations surnaturelles soient une pierre de scandale pour les méchants ; je suppose que les décrets immuables de l'état qui nous régit ne soient point pliés suivant les réclamations de ceux qui disent : « Nous ne demandons qu'une » chose pour nous soumettre, pour croire aux miracles, » c'est d'en voir un seul de nos propres yeux, de le tou- » cher de nos propres mains » ; je suppose que la masse entraînée par l'erreur ait continué à rouler de précipice en précipice ; qu'importe ! il n'est pas moins vrai qu'il y aura eu dans le bienfait divin une grande efficacité. Ceux qui ont le bonheur d'être sincèrement attachés à la religion n'en seront devenus que plus ardents et plus dévoués, ceux qui flottent indécis entre le faux et le vrai auront éprouvé une tendance plus ou moins forte vers l'acquiescement qu'un homme éclairé doit donner à la foi de ses pères, ceux enfin qui sont endurcis dans l'erreur ou qui rampent dans l'indifférence auront senti résonner à leurs oreilles l'écho d'un monde invisible et mystérieux. Les premiers auront reçu un nouveau garant de la certitude et de la vérité de leur culte ; une fois de plus, ils auront osé lever la tête fièrement en face de leurs adversaires ; leur âme comblée de joie se sera livrée aux élans les plus purs de l'admiration et de la reconnaissance ; parmi les seconds, ceux qui, mus par des intentions droites, auront pris la peine et les moyens de peser, d'examiner, de juger avec maturité et avec pleine connaissance de cause, ceux-là auront obtenu les dons attachés à la recherche consciencieuse du vrai et du bon; quant aux derniers, quelque rebelles qu'ils aient été à de si douces influences, quelque roides et superbes qu'aient été leurs dénégations, quelque sarcasme, quelque ridicule qu'ils aient déversé sur la religion et sur ses ministres, il est pourtant hors de doute, soyez-en convaincu, qu'un rayon de lumière aura brillé de tout son éclat dans les ténèbres de leur intelligence; le trait décoché par une main puissante aura réveillé en eux et malgré eux des idées insupportables, effrayantes, terribles; animé par un pressentiment secret de l'avenir, leur cœur, saisi d'effroi, aura battu plus agité. Dites après cela, que les miracles sont inutiles. Ne voyez-vous pas l'admirable économie qui règle les œuvres de la Providence? Ne sentez-vous pas l'harmonie sublime qui fait marcher ensemble la miséricorde et la justice? Si, depuis l'établissement du christianisme, aucun évènement extraordinaire n'avait apparu dans l'Église, si jamais aucun prodige n'était venu réveiller la foi dormante des chrétiens, on eut dit : les miracles anciens n'ont réussi qu'à la faveur de l'ignorance et de l'idiotisme des peuples; on aurait regardé comme impossible ou comme fabuleux un ordre de faits qui ne se serait montré que dans le lointain des âges, au lieu que la chaîne des siècles présentant un ensemble de faits qui attestent une intervention surnaturelle continue, il en résulte que nous trouvons dans les miracles contemporains une confirmation des miracles anciens. Le courage, la confiance, le zèle se trouvent ranimés dans le cœur des bons, autant que la crainte, le remords, la honte vont troubler l'âme des méchants. Vient ensuite l'histoire religieuse et impartiale. Elle s'empare de ces faits merveilleux, elle les authentique, elle leur donne sa consécration. Puis, elle les transmet aux générations futures comme un dépôt précieux, comme un testament où sont consignés les actes de la munificence divine. Voilà pourquoi chaque bourgade, chaque village, chaque pays, chaque ville, présente au voyageur étonné une chapelle, un sanctuaire particulièrement vénéré par les populations locales. C'est que là est la consolation de l'affligé, la richesse du pauvre, le salut du malade, l'espoir du malheureux. C'est que depuis plusieurs siècles, en parcourant des yeux les symboles et les images appendus aux parois des murs sacrés, le père a dit à son fils, la mère a dit à sa fille, l'homme d'église a dit à l'étranger : telle année, tel jour, dans telle circonstance, par l'intercession de la Sainte Vierge, par la protection de tel saint ou de telle sainte, un agonisant recouvra la santé, un estropié fut guéri, un pécheur fut converti, un naufragé fut sauvé de la fureur des flots.

Il fallait donc pour le maintien de la foi et pour le plus grand bien du peuple qu'il y eût des apparitions, des révélations et des miracles. Et c'est ce qui a eu lieu sans interruption depuis l'origine du catholicisme (1). Il ne suffisait pas que les prodiges fussent semés pour ainsi dire à chaque pas au moment où la nouvelle religion réclamait dans le monde droit de cité; il fallait que la prophétie du Christ : » *Voilà que je serai toujours avec vous jusqu'à la consommation des siècles* (2) » , s'accomplît suivant toute son extension. Il fallait que les St. Bernard, les Sainte Catherine de Sienne, les St. François et une foule d'autres, reçussent des faveurs spéciales, pour imprimer à leur siècle et à leurs compatriotes plus d'élan et plus de force. Il fallait que sans cesse l'épouse de J.-C. pût montrer à ses ennemis des témoignages vivants de la sollicitude et de l'amour de son époux. C'est là une des gloires de J.-C., c'est un des mille corollaires de la rédemption. Qu'on ne vienne donc pas nous dire: L'Église catholique, la religion catholique se suffisent à elles-mêmes et peuvent se passer de toute espèce de miracle nouveau. Elles sont assez bien posées pour qu'il ne soit pas nécessaire de les étayer davantage. C'est un sophisme et rien de plus. Sans doute l'Église est établie sur des fondements inébranlables, on l'accorde; sans doute les motifs de crédibilité qui ont suffi pour convaincre les grands génies tels que Bossuet, Fénélon, Pascal, Descartes, etc... ont assez de puissance pour nous persuader nous-mêmes, on ne le nie pas; mais autre chose est l'Église, autre chose

---

(1) Le savant Dodwet, protestant anglais, reconnaît que depuis les Apôtres, jusqu'au temps de St. Cyprien, on remarque dans les ministres de l'Église une suite non interrompue de visions, de révélations, d'apparitions, dont les plus certaines, dit-il, ont toujours été approuvées.

Ussérius, autre protestant, rapporte que plusieurs de ceux qui avaient assisté au martyre de St. Ignace, troisième évêque d'Antioche après St.-Pierre, virent pendant la nuit le saint qui paraissait devant Dieu pour recevoir la récompense due à son dévouement sans bornes.

Je suis convaincu qu'il serait aisé de montrer que Dieu, depuis l'origine du christianisme jusqu'à nos jours, n'a pas cessé de faire éclater des prodiges dans son Église, d'une manière plus ou moins apparente. Les éléments de la preuve sont renfermés dans l'œuvre colossale des Bollandistes, intitulée: *Acta Sanctorum*.

(2) St. Matthieu, Chap. 28. v. 20.

est le peuple. L'Église ne bouge pas, mais les nationalités, les églises partielles, les fidèles de tel royaume, de telle contrée, de tel pays sont continuellement agités par les souffles impurs de l'impiété ; ils voguent çà et là à tout vent de doctrine ; tantôt ils croient, tantôt ils ne croient pas : ils écoutent l'un, ils admirent l'autre ; eh bien ! ne fallait-il pas des moyens énergiques pour sauver les élus dans ces orages de la pensée humaine ? Ne fallait-il pas un contre-poids, un remède pour soutenir les sentiments religieux dans les masses séduites ? Ne fallait-il pas des faits éclatants qui raffermissent ceux qui étaient ébranlés, qui confirmassent ceux qui étaient solides, qui confondissent ceux qui étaient égarés ?

D'autre part, les communications des êtres supérieurs avec l'humanité, les prodiges en général, devaient apparaître sous un certain voile, et ne devaient se produire qu'avec mesure, réserve et obscurité. S'il en eût été autrement la voie d'épreuves et de larmes eût été changée en chemin semé de fleurs, l'état de lutte en état de triomphe, la vie de la foi en vie d'intuition. Toute l'économie de la religion et de la grâce eût été détruite sur-le-champ. Alors plus de difficulté à croire, alors plus d'abnégation dans les lumières de la raison, alors plus de dispute, alors aussi plus de mérite. Comme on n'aurait pu s'empêcher de reconnaître la vérité, rendue palpable par des témoignages sensibles, on aurait perdu par là-même tout droit à la récompense.

Soyons donc modérés et prudents dans notre manière d'apprécier les faits merveilleux. Prenons garde de choir ou par trop de témérité ou par trop de réserve. Ne disons pas à Dieu : Pourquoi faites-vous ce miracle ? Pourquoi permettez-vous cette apparition ? Votre religion peut bien s'en passer. Ce que vous faites est complètement inutile. Ne lui disons pas d'un autre côté : Si vous voulez que nous croyions, parlez plus clairement ; ôtez toute espèce de voile ; montrez-nous ce que vous êtes. Ces deux sortes de langage seraient également insensées et impertinentes. N'accusons donc pas la Providence de ne point faire assez pour nous, et d'un autre côté, ne rejetons pas ses dons avec froideur, comme s'ils étaient superflus. Souscrivons plutôt au jugement d'un grand poëte qui a dit :

« Le ciel est juste et sage, et ne fait rien en vain. »
(Athalie, Acte II, Scène VI.)

Il était nécessaire de poser les principes qui précédent pour apprécier sous son véritable point de vue un fait récent et devenu promptement célèbre. Je veux parler de l'apparition miraculeuse de la Sainte-Vierge à deux jeunes bergers, sur une haute montagne de la Salette. Quoique je sois très-éloigné d'en faire un article de foi, avant que l'autorité ecclésiastique l'ait sanctionnée par son approbation, il m'est impossible, cependant, de ne pas y attacher une grande importance. On le comprendra aisément si l'on observe que sous quelque face qu'on l'examine, sous quelque rapport qu'on la considère, on la trouve également remarquable.

Il est inutile, je pense, de démontrer qu'elle est possible, après que les exemples, cités plus haut, ont prouvé suffisamment la possibilité des apparitions en général.

Il suffira donc d'examiner ici quels en sont les principaux caractères.

Et d'abord, dans quel royaume s'est-elle manifestée? Est-ce en Angleterre? — Non, parce que le grand mouvement de liberté religieuse imprimé, dès l'aurore du siècle, par le grand O'Connel, les succès inespérés qu'il a obtenus, le terrible ascendant de sa parole sur les sectateurs d'Henri VIII et de Calvin, les nombreuses conversions qui se sont opérées dans l'université d'Oxford, tous ces ébranlements providentiels ont appris à un peuple égaré que l'on pouvait devenir catholique sans être pour cela insensé, idiot ou esclave.

Est-ce en Espagne? — Non, parce que ce malheureux pays quoique livré à la fureur de la guerre civile pendant longues années, quoique poursuivi, harcelé sans relâche par l'esprit corrupteur des temps modernes, n'a pas perdu le souvenir de ses ancêtres aussi passionnés pour l'unité religieuse qu'adversaires ardents de l'hérésie.

Est-ce en Italie? — Non, l'Italie n'en avait pas besoin. C'est assez pour elle qu'un astre nouveau ait commencé à briller sur le Vatican. C'est assez pour ses populations courbées sous le poids des chaînes, qu'elles aient tourné les yeux vers la tiare, et qu'à cette vue, elles aient senti les élans d'une noble liberté.

Est-ce en Allemagne? — Non, cette contrée où domine le rationalisme dont le faste pédantesque est relevé par l'éclat d'une science mensongère, a pu s'instruire à l'école célèbre des extatiques du Tyrol auxquelles Gœrres lui-même rendit hommage. Elle a pu aussi, il y a à peine quatre ans, guérir son profond orgueil en allant à Trèves contempler un beau spectacle. On y voyait dans toute son intégrité la grande robe brune du Sauveur exposée à la vénération publique, cette robe sans couture profanée si honteusement par l'infortuné Luther, cette robe qui porte encore les traces d'un sang pur, mais décoloré par les siècles.

Est-ce en Russie? — Non, parce que ce vaste empire ayant reçu d'en haut une rare puissance de destruction, ayant atteint en peu de siècles des proportions colossales, ayant conservé son régime barbare, est destiné à servir de fouet entre les mains de Dieu pour punir les crimes d'autres nations.

Où donc s'est-elle passée? — En France, c'est-à-dire dans le pays du luxe et de la frivolité; chez un peuple qui a failli à sa mission en corrompant les éléments de bien déposés dans son sein; un peuple qui a trahi lâchement la cause du catholicisme dans le monde, cause pour laquelle ses ancêtres avaient versé tant de flots de sang; un peuple qui après s'être émancipé des mains de la religion, s'est jeté étourdiment dans une licence effrénée, avant-coureur de la mort; un peuple qui a osé rire des croyances de ses pères, qui les a tournées en ridicule, et leur livre encore, chaque jour, des attaques aussi meurtrières qu'effrayantes; un peuple qui, après s'être nourri de journaux, de romans, de feuilletons, de pamphlets plus ou moins envenimés par le poison de l'erreur et de la volupté, inonde l'Europe de ses productions corruptrices; un peuple qui a perdu tout frein dans la morale, sauf la rigueur des lois et la vigilance de la police; un peuple enfin qui tend de plus en plus à se diviser en deux grandes castes, dont l'une porte au loin ses scandales et son action dissolvante, et dont l'autre travaille à neutraliser, s'il est possible, tant de fléaux désastreux. Voilà le peuple chez lequel une manifestation était nécessaire; c'est là qu'un avertissement devait être donné. Il y avait des croyants, il fallait ranimer leur foi; il y avait des indifférents et des hommes indécis, il fallait exciter leur torpeur; il y avait des malins, des incrédules qui narguent sans pitié et sans raison la religion immaculée du Christ, il fallait leur montrer que les miracles sont possibles dans le dix-neuvième siècle. Mais quel serait le levier puissant qui soulèverait et ébranlerait, au moins en partie, une nation dont l'influence est si grande ? Ce levier ne pouvait être que Marie, la protectrice de la France, celle à qui la France a été consacrée par Louis XIII. A elle appartenait le soin d'avertir son peuple bien aimé ; à elle il convenait de le détourner du mal en lui annonçant quel trésor de colère était amassé sur sa tête.

Dans quel lieu de la France, s'est montrée la divine messagère ? — Sur un des points les plus élevés, comme si elle avait voulu la voir à ses pieds ; sur une montagne solitaire des Alpes, dans un pays reculé, étranger au tumulte et au fracas des cités populeuses, cités dans lesquelles une voix céleste eut été étouffée et eut resté sans écho.

A qui s'est-elle adressée ? A qui a-t-elle montré un reflet de sa gloire ? — A deux pauvres bergers, ignorants, enfants du peuple et simples comme lui ; à deux grossières intelligences incapables de fabriquer une histoire, si peu compliquée qu'elle fût, et encor plus incapables de la soutenir avec obstination.

Quel jour a eu lieu cette belle apparition ? — Le samedi, 19 septembre 1846, précisément la veille du jour où l'Église célébrait la fête touchante de Notre-Dame des Sept Douleurs. Il est aisé de deviner pourquoi la Sainte-Vierge a choisi ce jour-là de préférence aux autres. C'est qu'il y a une analogie remarquable entre l'esprit de cette fête et le sens du discours qu'elle devait tenir. C'est que Marie devait se présenter dans l'attitude d'une personne profondément affligée, c'est que des reproches bien durs et bien fondés devaient sortir de sa bouche.

Quelles paroles a-t-elle fait entendre ? Elle a infligé le blâme le plus sévère à deux vices qui dégradent notre époque et qui sont particulièrement outrageans envers Dieu. Ces deux vices n'admettent point d'excuse, point de palliatif. Le premier, c'est le blasphème, cette horrible profanation des mots les plus augustes et les plus sacrés, profanation à laquelle on se livre par un pur effet de malice et de haine ; car si, pour diminuer la noirceur d'autres crimes, on peut invoquer avec quelque raison soit la faiblesse de la nature, soit l'impétuosité de la chair, soit l'entraînement des circonstances, ici on ne peut alléguer rien de semblable. Le blasphème résulte d'une opposition systématique, préméditée, gratuite de la volonté humaine au souverain bien. Le second, c'est la violation si généralement répandue de la sanctification du dimanche. On vaque à ses affaires; on travaille une partie de la journée; on accorde à regret quelques instants à l'ancien usage qui appelle les fidèles à l'Église; bon nombre même s'en dispensent sans trop de difficulté; le reste du temps est follement dissipé en jeux, danses et festins. On a oublié et on oublie de plus en plus que de tout temps et particulièrement sous la loi Mosaïque, Dieu a déployé un grand zèle, et a usé d'une rigueur terrible pour ce qui concerne l'observation de cette partie essentielle du culte. Outre ces deux points capitaux, la Sainte-Vierge, dans le courant de son discours, a révélé deux secrets, l'un au berger, l'autre à la bergère. Je ne sais si je me trompe, mais cette particularité me paraît singulièrement étonnante. Elle est peut-être unique ou du moins très-rare dans l'histoire des apparitions. Jamais on n'avait ouï dire que deux enfants tinssent du ciel la connaissance d'évènements futurs qui peuvent être très-importants pour la France et par suite pour le monde. Jamais la curiosité, le désir de tout pénétrer, de tout savoir, de tout percer n'avaient été si vivement stimulés. Aussi, quelle affluence, quel remuement autour de deux chétives créatures! chacun les harcèle, les désole, les torture pour leur arracher le mot de l'énigme. On est si parfaitement intrigué que l'on revient cent fois aux mêmes questions, aux mêmes finesses, aux mêmes embûches. Cent fois aussi on est repoussé, battu, désarçonné, n'importe! On revient à la charge, sûr d'essuyer de nouvelles défaites. En vérité, celui qui aurait eu l'idée d'enrichir d'un tel talisman l'histoire d'une apparition fausse et menteuse, serait l'homme le plus rusé et le plus adroit qu'il soit possible de rencontrer.

Un dernier caractère de ce miracle, c'est qu'il est tout à la fois grand et petit, clair et obscur.

Quand on songe que la Sainte Vierge, rose mystique entourée d'autres roses, est descendue du ciel sur un sommet agreste; quand on se la représente foulant d'un pied léger et aérien le gazon verdoyant; quand on la voit triste et abattue sur le bord d'un ruisseau, au fond d'un vallon qu'elle illumine de sa rayonnante beauté; lorsqu'on l'entend se plaindre avec amertume et tendresse de l'ingratitude de son peuple, rien de plus beau, rien de plus attendrissant que cette scène. Pour une âme candide, tout est simple, tout est net, tout est clair. Deux jeunes enfants se trouvent là par hasard; ils examinent, ils écoutent, ils sont témoins ; aucun obstacle ne les empêche de se convaincre de la réalité du personnage qui est auprès d'eux ; une demi-heure de temps leur est accordée, en plein jour, en un lieu tout découvert, pour saisir jusqu'aux moindres particularités ; ils parlent, ils répondent; en un mot, ils entrent dans le dialogue, ce qui prouve qu'ils ne sont pas très-effrayés; après l'évènement, ils racontent tout ce qu'ils ont vu et entendu ; ils attestent l'authenticité du fait à toute heure, en face de la prison et malgré les menaces les plus terribles. Quoi de plus concluant? quoi de plus persuasif?

D'un autre côté, au premier abord, on n'a que trois choses en perspective: deux petits ignorants qui ont pu être trompés, joués, hallucinés par un adroit imposteur, ou qui ont pu être surpris par quelque phénomène inconnu ; deux petits entêtés qui ont considéré comme une réalité ce qui n'était qu'un pur effet de leur imagination abusée ; puis un être fantastique et mirobolant qui n'était peut-être qu'une ombre, une vapeur blanchâtre, un nuage. Quoi de plus ridicule, quoi de plus incertain pour une raison sévère?

Cependant, ne nous y trompons pas, cette duplicité de caractère, cette ambiguïté, cette opposition apparente sont précisément les marques auxquelles il faut reconnaître l'œuvre divine. Ces œuvres ne sont jamais si claires qu'elles ne fournissent mille arguties à un esprit superbe : elles ne sont jamais si obscures qu'elles ne portent avec elles le cachet de la grandeur suprême dont elles émanent.

C'est dans ce sens et avec le même droit que Pascal disait : « Le christianisme contient assez de lumières pour ceux qui » veulent voir, et il offre assez de ténèbres à ceux qui veulent » s'aveugler. »

FIN DE L'INTRODUCTION.

CHAPITRE Ier.

Résumé des faits, observations préliminaires.

Il est peu de personnes qui n'aient entendu parler d'un évènement extraordinaire arrivé dans le diocèse de Grenoble, le 19 septembre 1846. Deux bergers natifs de Corps, un garçon de 11 ans et une fille de 15, paissaient leurs troupeaux sur une montagne élevée de la commune de la Salette. Quoiques nés dans le même pays, ils se connaissaient à peine et ne s'étaient rencontrés que le jour précédent. Un peu après midi, voulant se garantir de la chaleur qui était accablante, ils cherchèrent quelque ombre et quelque fraîcheur au fond d'un ravin alimenté par la fonte des neiges, et s'endormirent bientôt sur un tas de pierres, après avoir pris leur modeste repas. A leur réveil, leur première pensée fut de se mettre en quête de leurs vaches. Ils montèrent sur la crête du plateau et, regardant autour d'eux, ils les aperçurent sur le versant arrondi du Mont-Gargas, au-dessus du ravin. Tandis qu'ils descendaient pleinement rassurés, tout-à-coup une dame d'une éblouissante beauté leur apparut assise sur une large pierre, à l'endroit même qu'ils venaient de quitter. Elle était vêtue d'une robe blanche et d'un manteau d'or. Son front était surmonté d'un diadème étincelant, son attitude témoignait d'une douleur profonde, car elle tenait le visage caché dans ses mains et des larmes paraissaient tomber de ses yeux. Les enfants éprouvèrent un sentiment involontaire de peur. Mais la dame s'étant dressée, s'avança vers eux, les rassura et leur parlant avec beaucoup de tristesse, elle leur dit que la colère de son fils était si grande qu'elle ne pouvait plus retenir son bras. Les désordres qui règnent parmi son peuple en étaient la cause. Elle se plaignit surtout du blasphème, de la violation du dimanche et de la transgression des lois de l'Église. Elle déclara que les plus grands châtiments menaçaient les coupables, s'ils ne désarmaient la vengeance céleste par leur conversion. Elle annonça que les pommes de terre seraient gâtées, que le blé semé ne vaudrait rien, que les petits enfants au-dessous de sept ans mourraient de convulsions entre les bras de leurs mères, que les autres feraient pénitence par la faim, à moins que le retour à Dieu et les prières publiques ne conjurassent ces désastres prêts à éclater. Elle recommanda expressément aux enfants de prier eux-mêmes mieux qu'ils ne l'avaient fait jusqu'alors, et leur enjoignit de ne jamais se coucher sans avoir récité au moins un *Pater* et un *Ave Maria*. Elle communiqua à chacun d'eux un secret individuel qui leur est réciproquement inconnu. Elle leur ordonna de répéter à tout le peuple ce qu'ils avaient entendu; puis, ayant franchi le ravin, elle s'éloigna en effleurant de ses pieds entourés de roses, la cime de l'herbe. Les enfants la suivirent avec stupéfaction et curiosité. La grande dame n'était pas encor parvenue au sommet de la pente, lorsque, en présence des jeunes témoins, elle s'éleva d'un mètre au-dessus du sol, demeura visible pendant quelques instants et finit par se fondre peu à peu, comme la neige fond au soleil. La tête disparut d'abord, puis les bras, puis tout le corps. Elle laissa après elle une trace lumineuse qui s'effaça insensiblement. Les bergers ébahis se regardèrent, en disant: « Il faut que ce soit une grande sainte!..... »

Le soir étant venu, ils retournèrent dans le hameau des *Ablandens* où étaient leurs maîtres respectifs et se mirent à raconter en pleurant tout ce qui leur était arrivé. On se moqua d'abord de leur crédulité. Cependant, ils parlèrent avec tant de feu et tant d'énergie, ils étaient si fermes et si unanimes dans leurs paroles, que l'on ne pût s'empêcher de croire à quelque évènement étonnant. Le lendemain, jour de dimanche, le maître du petit garçon lui ordonna d'aller dire tout ce qu'il avait vu et entendu à M. le curé de la Salette. Ce bon vieillard que son âge avancé allait forcer à suspendre les fonctions du ministère, écouta le jeune enfant, l'interrogea avec un soin scrupuleux, et, convaincu par sa naïveté et sa candeur, raconta en sanglotant du haut de la chaire tout ce qu'il venait d'apprendre.

Tel est l'exposé sommaire de ce fait, dont plusieurs particularités intéressantes seront rapportées plus au long et éclaircies dans le courant de cet opuscule.

La nouvelle de cette apparition ne tarda pas à se répandre dans le Dauphiné, dans toutes les Alpes, dans toute la France. A en juger par les dehors de notre état social, il semble qu'un tel bruit eut dû être étouffé dans son origine sous le poids de l'indifférence et du ridicule; point du tout. Il s'est propagé avec une promptitude inouie et plus miraculeuse en quelque sorte que le miracle même. Soit par religion, soit par curiosité, de nombreux visiteurs, venus de toutes les parties du royaume, n'ont pas craint de se rendre à Corps, afin de voir les jeunes bergers, de les entendre et de les interroger. On ne peut dire combien de voyageurs de tout âge, de tout sexe, de toute condition se sont rendus à la Salette depuis plus d'une année. Outre l'affluence journalière, on a été témoin à différentes époques et à l'occasion de diverses fêtes consacrées à la Sainte-Vierge, de plusieurs concours plus ou moins considérables. Le bruit de certaines guérisons merveilleuses n'a pas peu contribué à étendre la renommée de la Salette. Les malades, les estropiés, les infirmes ont voulu participer d'une façon ou d'autre, soit à domicile, soit en se faisant traîner sur les lieux, aux heureuses influences de l'eau du *Sezia* où coule désormais une fontaine permanente. On cite une famille d'Espagne et une autre des Etats-Unis, qui attirées par la nouveauté du fait, n'ont pas reculé devant la longueur du voyage et se sont rendues sur les lieux.

Ce n'est pas à dire par là que cette apparition devenue assez célèbre pour occuper l'attention publique, n'ait trouvé partout que des approbateurs. Beaucoup au contraire ont souri de pitié et l'ont reléguée parmi les contes dont les vieilles femmes se servent pour épouvanter les enfants. Plusieurs journaux, tels que le *Constitutionnel*, le *Siècle* et le *National* l'ont exploitée comme une bonne fortune.

D'après eux, tout ce récit n'est qu'une fable inventée par les prêtres, à l'usage de ces niais qu'on nomme catholiques; ce n'est qu'un tissu de mensonges, de fourberies, d'impostures que les honnêtes gens, les gens instruits doivent repousser avec toute la puissance de l'indignation. Le *National* qui ne voit de tous côtés que les ombres effrayantes du clergé, a poussé l'esprit de découverte jusqu'à signaler une relation possible entre le fait de la Salette et la demande faite à l'État concernant la liberté d'enseignement. Il pense que les Français, assez pervers pour réclamer le premier de tous les droits, peuvent bien avoir eu assez de méchanceté pour répandre la nouvelle d'un miracle. Comme il a un coup d'œil infiniment subtil, il démasque les ruses les mieux déguisées de l'esprit de ténèbres, il poursuit à outrance la religion qui se cache derrière les fourberies, il signale à la réprobation publique toutes les intentions malicieuses et impures, car, sachez-le bien, avant tout, il aime et pratique avec ardeur la plus irréprochable sainteté. En vérité, prenez-y garde ; *hors du National, point de salut !* . . . . .

En présence de ces opinions contradictoires, l'autorité compétente a dû peser avec maturité, examiner à fond les motifs de crédibilité qui militent en faveur de l'apparition. Elle a ordonné des enquêtes, elle a rassemblé des documents, elle a tâché de s'entourer de toutes les lumières nécessaires pour porter un jugement droit. On attend qu'elle se prononce, parce que sa décision, quelle qu'elle soit, permettra de tenir un langage plus assuré. On sait toutefois que si le vénérable évêque de Grenoble n'a point exprimé sa pensée d'une manière officielle, un autre prélat distingué par ses vertus et par sa science n'a pas craint de braver les sarcasmes de l'impiété en mettant au jour ses propres impressions. Monseigneur Villecourt, évêque de la Rochelle, est allé lui-même à Corps interroger les jeunes enfants ainsi que les personnes graves de la localité; convaincu de la vérité du fait, il a prêché à Lyon, sa ville natale, le 1er août de l'année 1847. Du haut de la chaire de St.-Just, il a donné un libre cours à ses sentiments et a publié bien haut la faveur signalée que la Sainte-Vierge avait accordée à deux jeunes bergers. De retour dans son diocèse, il a travaillé à une brochure intitulée : « *Nouveau récit de l'apparition de la Sainte-Vierge sur les montagnes des Alpes.* » Après avoir soumis le manuscrit à l'évêque de Grenoble, il l'a publié avec son assentiment.

Il ne m'appartient sous aucun rapport de prononcer si l'appariton de la Salette est véritable ou fausse. Je n'ai aucune autorité, aucune mission pour le décider. Aussi je dois déclarer, dès le début, que je ne serai ici qu'un simple narrateur. Je ferai part de mes pensées, de mes convictions, des circonstances dont j'ai été témoin ; je formulerai mon jugement particulier ; j'exposerai mes propres observations ; je ferai connaître les incidents et les particularités qui ont servi à éclairer mon opinion. C'est, je pense, un droit dont chacun peut user ; mais après cela, je suis loin de vouloir imposer à qui que ce soit ma manière de voir. Les conclusions que je tirerai, il sera libre à chacun de les repousser. On partagera mon avis, ou l'on prendra un avis opposé, peu m'importe.

La nature du discours m'a obligé quelquefois d'employer certaines tournures qui pourraient paraître trop affirmatives à des oreilles délicates et aux personnes qui ont peu de confiance dans la vérité de l'apparition : c'est pourquoi, ne voulant prendre sur moi aucune responsabilité et n'ayant point la prétention d'assurer ce que j'ignore, je préviens le lecteur de vouloir bien interpréter mes paroles dans le sens où je les entends moi-même.

Elles expriment mon opinion et rien de plus. Elles ne peuvent avoir aucune sanction tant qu'une décision de l'autorité épiscopale n'a pas déclaré le fait authentique. Ainsi, je demeure parfaitement libre dans le cercle que je me suis tracé et pleinement indépendant dans la mesure que je me suis prescrite.

Au reste, mon but n'est pas d'entrer dans une discussion approfondie ; en prenant la plume, j'ai voulu seulement faire une relation de voyage et donner autant que possible une connaissance exacte des lieux, des temps et des personnes. C'est le moyen de rectifier une foule de préjugés et de fausses opinions qui défigurent plus ou moins la vérité, et qui obtiennent crédit auprès des personnes qui ne sont pas suffisamment éclairées sur la question. J'ai voulu surtout décrire la grande fête du 19 septembre où tant de familles ne formaient plus qu'une seule famille, où tant de sentiments étaient confondus dans un seul sentiment. A ce récit, on reconnaîtra la puissance de l'idée religieuse ; on verra quel élan magnifique une conviction profonde peut imprimer à un peuple.

Je terminerai par l'exposition de quelques difficultés principales qui s'offrent d'elles-mêmes à l'esprit. Je m'efforcerai d'en montrer le vide et la faiblesse. Je puiserai ordinairement mes réflexions dans les éléments que m'aura fournis l'étude attentive et consciencieuse soit des lieux, soit des personnes ; en sorte qu'elles découleront naturellement et sans peine de l'observation, seule base solide de nos connaissances en pareille matière.

CHAPITRE II.

Souvenirs intimes de voyage. — **Description très-détaillée de la grande fête du 19 septembre 1847.** — **Interrogatoire de Maximin et de Mélanie.**

C'était le jeudi matin, 16 septembre 1847, que j'arrivais à Gap. Un mouvement plus qu'ordinaire régnait autour des bureaux de diligence. C'est que les voyageurs venus de Briançon, Digne, Marseille, et autres pays étaient empressés pour trouver une place. Chacun voulait partir sur-le-champ, chacun craignait d'être forcé de séjourner. Et pourquoi cette inquiétude? c'est que tous aspiraient au terme du voyage. De tous les côtés, on entendait ces mots : « Nous voulons aller à Corps, nous allons à la Salette! » Comme le tumulte et la confusion allaient croissant, un conducteur qui naguères, avait amené dans sa voiture une quinzaine d'étrangers, se tourna vers ses camarades et murmura ces paroles: « Que » signifie tout cela ? On dit que nous sommes dans un siècle de » civilisation et de progrès, et voilà que cette foule d'imbéciles » s'en va là-haut à Corps, pour voir je ne sais quelles bêtises! » Cette réflexion naïve sortie de la bouche d'un homme peu versé dans les questions religieuses, me fit sourire quelque peu, et m'aida à supporter la peine que j'éprouvai de ne pouvoir poursuivre mon chemin le même jour. Je dus me résigner à attendre, et je dus utiliser mes moments de loisir, soit à renouveler connaissance avec des amis chers et dévoués, soit à visiter le superbe château de *Charence*, où l'art a forcé jusque dans ses derniers retranchements une nature sauvage et rebelle.

Le lendemain, 17 septembre, l'encombrement était pire que celui de la veille ; toutes les places étaient vivement disputées. Il fallut faire maints efforts pour être admis à monter sur l'impériale. Enfin, l'heure du départ arriva, et il n'est pas besoin de dire que nous voyageâmes au grand complet. Après avoir marché pendant quelques heures, nous arrivâmes à Corps, laissant derrière nous plusieurs hameaux et villages parmi lesquels on distingue *St.-Bonnet*.

A notre arrivée, la nuit était close, mais cela n'empêcha pas un attroupement considérable de se former autour de la diligence. Un maître d'hôtel se présenta tenant une chandelle à la main et nous invita à nous arrêter chez lui. Nous pénétrâmes dans la salle à manger où étaient assis, à des tables séparées, un grand nombre de convives. Néanmoins, l'affaire la plus importante pour nous, était de trouver une chambre, et ce fut là notre premier souci. Malheureusement, toutes les pièces disponibles étaient occupées et il en était de même dans les hôtels voisins. Alors nous recourûmes aux maisons des particuliers les plus aisés, qui durent ce jour là et les suivants se transformer en auberges. Après avoir trouvé un logement, j'allai visiter M. le curé. Comme il était absent, j'entrai dans un salon pour attendre son arrivée. A peine y avais-je fait quelques pas, que mes oreilles furent frappées pas la voix intéressante de deux enfants, dont la conversation était mêlée à celle de deux personnes plus âgées. Ceci se passait à la cuisine. Attiré par la curiosité, je m'y rendis avec le pressentiment que j'allai y rencontrer les deux jeunes bergers et mon attente ne fut point trompée. Je vis en effet, pour la première fois, Maximin Giraud et Mélanie Mathieu dont les noms me furent déclinés par la domestique de M. le curé et par un ecclésiastique qui avait eu déjà plusieurs entretiens avec eux. Ma première pensée fut d'examiner avec une attention scrupuleuse leurs démarches, leurs paroles, leur tenue, leur physionomie. Mais, à dire vrai, comme leur extérieur est très-simple sans être négligé, et qu'ils parurent s'apercevoir fort peu de ma présence, ils m'inspirèrent sur-le-champ une certaine défiance. Je pense que plusieurs personnes auront éprouvé comme moi cette impression du premier moment : car, d'un côté, on s'attend à trouver tout de suite quelque chose d'extraordinaire en eux, et de l'autre, ils n'offrent rien qui les distingue des autres enfants. Ce qui répugne surtout quand on a formé des jugements préconçus ou quand on s'est formé d'eux un portrait avantageux, c'est qu'ils ne témoignent aucun désir de vous voir et de vous parler ; ils n'usent

d'aucune prévenance pour vous disposer favorablement à leur égard. Cependant le nuage qui s'était élevé subitement dans mon esprit, fut assez léger pour me permettre d'apprécier leur air candide et empreint de bonté, leur joie enfantine, leurs petites étourderies, leur franchise, leur laissé-aller. On voyait qu'ils n'avaient pas été façonnés à jouer un rôle par une main habile, ou, du moins, qu'ils se préparaient fort mal à le remplir, si tant est qu'ils soupçonnassent qu'ils allaient être interrogés. Ils n'étaient pas, comme on pourrait se le figurer, guindés, compassés, avisés, défiants; en un mot, ce n'étaient pas des enfants machines. Je demandai au jeune ecclésiastique, étranger comme moi, s'il était content et satisfait des réponses qu'il avait obtenues dans les divers interrogatoires auxquels il avait soumis les jeunes bergers, il me répondit : « Oui, monsieur, je le suis pleinement et ne conserve aucun doute sur la réalité du fait. » En même temps, ayant dit à Maximin de s'approcher vers moi, il le fit asseoir à mon côté et m'engagea à lui adresser quelques questions. Comme j'avais été surpris par cette rencontre inopinée et que, du reste, je souhaitais prendre mieux mon temps, je me contentai de lui dire : « Maximin, s'il est
« vrai que tu aies vu la Sainte-Vierge, tu dois être bien content ;
« tu as été comblé d'une faveur que beaucoup de personnes vou-
» draient éprouver ; tu dois désirer vivement de voir encore une fois
« cette belle dame. » A toutes ces demandes, ainsi qu'à quelques autres de même nature, il me répondit d'une voix douce et faible par un simple *oui*. Je compris qu'il était fatigué des visites qu'il avait reçues durant la journée et je ne le pressai pas davantage, me réservant de l'entretenir dans une circonstance plus propice. Je dis aussi quelques mots à Mélanie : elle garda la même réserve. Voyant que je ne leur demandais rien de plus, ils se mirent à parcourir la cuisine çà et là. Un instant après, à mon insu, ils étaient sortis pour se rendre au couvent des sœurs de la Providence, où ils ont été placés dès les premiers jours qui suivirent l'apparition. Sur ces entrefaites, arriva M. le curé. Après les saluts d'usage, je lui dis que tout annonçait une réunion considérable pour le dimanche suivant et qu'il pouvait s'attendre à recevoir de nombreuses visites. Il me répondit qu'il n'avait pas un seul moment à lui, qu'il était sans cesse occupé soit aux œuvres du ministère, soit à satisfaire aux demandes qui lui étaient adressées de toutes parts. « J'ai fait, me dit-il, quinze cents lettres
» dans le courant de l'année, depuis l'apparition; jugez si je ne

» dois pas être accablé. Cependant ces jours-ci seront encore plus
» fatiguants que tous ceux que j'ai encore passés, car j'attends
» plusieurs amis, plusieurs membres distingués du clergé, entre
» autres l'évêque d'Amata (1) et peut-être celui de Grenoble. »

Je me retirai bientôt et me rendis à l'hôtel. Toutes les conversations tombaient naturellement ou sur le nombre prodigieux des voyageurs, ou sur l'évènement de la Salette, ou sur la fête dont on faisait les préparatifs. Je m'entretins, pendant quelque temps, avec différentes personnes du pays, qui se firent un plaisir de me raconter ce qui s'était passé de plus remarquable depuis une année. Elles me rapportèrent une foule de faits. C'était un malade qui s'étant traîné jusque sur la montagne, en était revenu soulagé; c'était un aveugle qui, après avoir lavé ses yeux avec l'eau bienfaisante, avait été guéri; c'était un infirme, un paralitique qui avait recouvré l'usage de ses membres. J'écoutais avec plaisir ces divers récits, sans cependant y accorder une pleine adhésion. Il pouvait y avoir peut-être chez ceux qui me parlaient un peu d'exaltation, un peu d'entraînement, un peu de calcul, comme on dit. D'ailleurs, je ne pouvais rien vérifier par moi-même en ce moment, de sorte que mon jugement demeura suspendu. J'observai toutefois que ceux à qui je m'étais adressé, paraissaient agir et parler simplement, sans détours, sans arrière-pensée; ils me faisaient l'effet de personnes bien convaincues, qui déclarent, elles-mêmes, les peines et les difficultés qu'elles ont éprouvées avant d'ajouter foi au miracle. Dans le nombre, il se trouva une bonne femme qui, voyant l'intérêt que j'avais pris au sujet de la conversation, promit de me donner un morceau de la pierre sur laquelle la Sainte-Vierge s'était assise, en m'assurant qu'il lui avait été remis par Maximin. Je l'acceptai avec joie comme un précieux souvenir, et le lendemain elle me l'apporta plié soigneusement dans du papier.

Le jour suivant, samedi 18 septembre, j'allai, dès le matin, visiter l'Église de Corps qui est assez vaste, régulière et bien bâtie. Un grand nombre d'étrangers s'y étaient rendus pour entendre la messe, qui était célébrée à plusieurs autels à la fois. Pendant que j'étais à la sacristie au milieu d'une réunion, il entra un groupe de prêtres arrivant à peine, les uns de Grenoble, les autres de Nîmes, les autres de Montpellier. Comprenant qu'il n'y avait pas

(1) L'évêque d'Amata est vicaire apostolique de la nouvelle Calédonie.

opportunité à dire la messe, ils engagèrent conversation avec nous sur l'objet de leur voyage. On parla des deux enfants, de la Sainte-Vierge, de la splendeur de la fête dont tout faisait présager l'importance. On parla encore des membres distingués du clergé qui devaient venir incessamment. On cita, entr'autres, le nom de l'éloquent prédicateur, M. l'abbé Combalot, qu'on avait annoncé comme devant prêcher sur la montagne, au milieu d'une immense multitude. Mais un prêtre qui l'avait vu la veille, nous dit de sa part, qu'il ne fallait pas l'attendre. M. Combalot lui avait fait connaître que, quoiqu'il fut pleinement persuadé de la réalité du miracle, il ne voulait pas l'accréditer par un témoignage public et en quelque sorte sacré, avant que l'autorité compétente eut publié son approbation. Il tint parole, car il n'assista point à la fête. Un autre prêtre raconta que, d'après ce qu'il avait ouï dire, le R. P. Lacordaire combattait l'authenticité du fait et qu'il était allé jusqu'à lui appliquer les trois épithètes suivantes : « *Absurde*, *ridicule*, *impossible*. » On se récria de suite, surtout contre la dernière qualification, parce qu'après tout, il est possible que la Sainte-Vierge apparaisse à des bergers comme à toute autre personne ; aussi, le prêtre qui avait rapporté ces paroles, ne voulut nullement garantir qu'elles fussent du célèbre prédicateur. Et par suite, chacun aima mieux penser qu'elles étaient supposées. Peu de temps après, ces prêtres sortirent et allèrent chez M. le curé, pour procéder à l'interrogatoire des jeunes enfants. Ils y rencontrèrent un R. P. capucin, venu de Lyon le même jour ; et ce fut celui-ci qui présida. Il interrogea longuement le petit Maximin, après lui avoir fait raconter préalablement l'histoire de l'apparition. Pendant la séance, le jeune berger qui n'avait jamais vu de capucin, fut vivement étonné du costume qui frappait ses yeux ; suivant son habitude, il se mit à le regarder à droite et à gauche. Il considéra avec curiosité l'habit, la figure et la longue barbe de son interlocuteur. Tout en parlant, il porta les mains sur ses épaules, sur ses bras et puis, s'étant aperçu qu'il portait une corde à la ceinture, il en saisit lestement l'extrémité qui tombait à terre, et la roula si bien dans ses mains, que l'on en vit sortir bientôt un nœud gordien. Il fut le seul à ne pas rire, tandis que tous les assistants furent fort égayés par cette espièglerie. Quand le R. P. le pria de lui révéler son secret, il s'excusa sur ce qu'il lui était défendu de le faire connaître à qui que ce soit ; alors le P. capucin lui dit avec douceur : « Écoute, si
» cette nuit étant là haut sur la montagne, je te confessais, et si

» alors, je te demandais de me dire ton secret, est-ce que tu ne
» me le dirais pas ? » Maximin stupéfait jeta un coup-d'œil rapide
sur l'habit du religieux et lui répondit sans hésiter: « Mais vous
n'êtes pas prêtre ! » A ces mots, l'assemblée poussa un éclat de rire
et s'écria: « tu te trompes Maximin ; monsieur, est réellement
prêtre. »

« Certainement, ajouta le R. P., je suis prêtre, quoique habillé
différemment des autres ; je suis venu exprès pour confesser pendant la nuit, sur la montagne. » Le pauvre petit berger resta confus
à cause de sa méprise que chacun lui pardonna, et n'en persista
pas moins à ne vouloir rien dévoiler du secret. Après cette interrogatoire, les enfants furent bientôt appelés à en subir un second,
puis un troisième, puis un quatrième, ainsi de suite, pour obéir
aux exigences impérieuses des voyageurs qui, d'un moment à l'autre, durant la journée, ne cessèrent de les assaillir et de les tourmenter par leurs questions.

Avant d'aller à Corps, j'avais entendu dire qu'un artiste de Grenoble, étant venu à la Salette pour prendre la vue des lieux, avait
rencontré sous ses pas une pierre remarquable. Je demandai à la
maîtresse d'hôtel chez laquelle je prenais mes repas si, par hasard,
cet artiste ne serait pas venu assister à le fête. Elle m'apprit que,
non seulement il était arrivé, mais qu'il était logé dans l'hôtel
même, au premier étage n° 8. Aussitôt après avoir dîné, je me dirigeai vers son appartement, où j'eus la satisfaction de le trouver.
Il était en compagnie de son épouse et de ses enfants. Je le priai
de me montrer le précieux morceau d'une pierre curieuse dont on
m'avait parlé, ce qu'il fit avec empressement. Elle était renfermée
avec soin dans une boîte de forme ovale, dont le dessus était recouvert d'un verre mince. Après l'avoir examinée rapidement, je
lui manifestai le désir de connaître quelles circonstances avaient
déterminé cette singulière trouvaille. Il ne se fit pas longtemps
prier. « Oui, monsieur, me dit-il, d'un air décidé ; je veux bien
» vous raconter ce qu'il en est. D'abord, je vous avouerai franchement que je ne suis pas trop crédule ; ce n'est ni dans mon
» caractère, ni dans mes habitudes. Après cela, il ne m'appartient
» pas de nier un fait dans lequel j'ai joué le rôle principal, et qui
» s'est passé en présence de plusieurs témoins. Ainsi, je puis et je
» dois vous garantir la fidélité des détails suivants.

» J'étais à Grenoble exerçant l'état de peintre. Connu dans toute
» la ville, je vivais comme vivent la plupart des artistes aujour-

» d'hui, c'est à dire sans trop m'occuper de religion. Vous savez
» que, dans le courant de l'année, le bruit, d'un miracle arrivé
» à la Salette se répandit partout. Comme on causait beaucoup
» de cet événement et que l'autorité ecclésiastique était bien aise
» de posséder le dessin des lieux, Mgr. l'évêque me fit prier d'aller
» à la Salette, pour y prendre la vue des endroits principaux qui
» ont rapport à l'apparition. Je refusai d'abord, parce que vous
» concevez qu'on n'est pas bien aise de s'exposer à la critique du
» public; on ne veut pas se faire passer pour un idiot, un homme
» qui croit sans peine à une chose fort problématique ; on ne veut
» pas faire rire sur son compte. Cependant mon épouse me presse,
» m'engage beaucoup, me fait mille instances, et me tourmente,
» jusqu'à ce que je me sois déterminé à faire le voyage. A l'heure
» du départ, elle me dit : « Puisque tu vas à la Salette, apporte-
» moi quelques pierres comme souvenir. » Je lui répondis: « oh ! bah !
» des pierres ! tu en trouveras à Grenoble tant que tu en voudras. »
« Eh bien ! répliqua-t-elle qu'est-ce que cela te coûte, puisque
» j'y tiens ? » Pour la contenter, je lui dis : « lorsque je serai là
» haut, je verrai. » En même temps, la voiture m'entraîna, et en
» quelques heures, j'arrivai à Corps. C'était le 24 mai 1847. On
» devait ce jour-là aller en procession sur la montagne pour ho-
» norer la Sainte-Vierge. L'occasion me parut favorable. C'est
» pourquoi, je me fis accompagner par trois hommes qui devaient
» me fournir tous les renseignements nécessaires. Arrivé au terme
» du voyage, je travaillai à faire le croquis. Je vous avouerai que
» je fus ému malgré moi, en voyant un si grand nombre de per-
» sonnes profondément recueillies, prosternées à genoux sur une
» terre qu'elles considéraient comme bénie. Bien que je ne crusse
» que faiblement au miracle, je fus frappé, bouleversé par ce spec-
» tacle. Etant sur le point de retourner, je me souvins de la recom-
» mandation de mon épouse ; je pris çà et là autour de la fontaine
» quelques pierres, puis je m'écartai à quelque distance pour en
» chercher d'autres. Tandis que je parcourrais un monticule situé
» du côté de l'Est et un peu au-dessus du ravin, je vis une pierre
» à demi-cachée en terre ; par un rude coup donné avec le talon
» de ma botte, je brisai la partie saillante de la pierre qui fut sou-
» levée ; je pris ensuite au hasard un des fragments et je le ren-
» fermai dans ma poche, sans l'avoir examiné. Quand j'eus fait
» ma collection, je retournai et je partis pour Grenoble le lende-
» main. En arrivant, la première question de mon épouse fut celle-

» ci: « As-tu apporté des pierres? » je lui répondis : « Tiens, les voi-
» là ; il y en a assez pour te satisfaire. » Elle s'empressa de les
» regarder, elle les tourna et retourna successivement dans la main:
» Puis elle s'écria tout à coup : « eh ! donc, qu'est-ce que cela ?
» vois un peu, il y a sur celle-ci quelque chose d'extraordinaire!... »
» Je m'approche, je jette un coup d'œil et je dis : « Ah! pour
» le coup!... c'est vrai... il y a quelque chose en effet...
» regardons, examinons bien ! » Nous plongeons tous les deux
» nos yeux sur l'objet qui nous intrigue, nous gardons le silence
» et nous reconnaissons bientôt la nouveauté admirable du dessin
» que vous êtes venu voir. Nous communiquons nos idées et notre
» surprise à quelques personnes et en peu de jours toute la ville
» en est instruite. De toutes parts on vient me visiter ; on m'inter-
» roge, on veut voir la pierre, on la touche, on la gratte pour
» s'assurer qu'elle est l'œuvre de la nature ; en un mot, elle devient
» tout à coup célèbre. J'ai reçu des visites à faire perdre la tête,
» sans compter que j'ai été forcé de suspendre mon travail. On
» est venu de Lyon pour l'examiner. Des hommes instruits, des
» ingénieurs ont déclaré qu'ils n'avaient rien vu d'aussi étonnant
» en ce genre et ont constaté qu'il n'y avait aucune fraude dans
» cette production merveilleuse. Maintenant, vous pouvez, mon-
» sieur, la considérer à loisir ; je vais ouvrir la boîte qui la renferme
» afin que vous ne conserviez aucun doute et aucune défiance. »

Quand il eut fini de parler, je pris la boîte dans mes mains. L'artiste, après l'avoir ouverte, me donna une loupe destinée à grossir
les linéaments de la pierre et à mettre ses traits en relief. Je la vis
cette fois et les jours suivants avec beaucoup d'attention et toujours
avec le même intérêt. Je crois devoir satisfaire la curiosité du lecteur en essayant d'en donner une idée. J'aurais désiré en présenter
une copie à la tête de ce livre, mais l'artiste Grenoblois y a opposé son *veto* parce qu'il considère cette figure comme propriété.

La pierre trouvée, le 24 mai 1847, sur la montagne de la Salette par M. Jules Guédy, peintre à Grenoble, a huit centimètres
en longueur et six centimètres dans sa plus grande largeur. Elle
est à peu près arrondie d'un côté et se termine en pointe de l'autre.
Elle est ferrugineuse, par conséquent d'un teint mat et tirant sur le
noir, à l'exception de la face supérieure qui présente d'abord une
couche rougeâtre, puis au-dessus de cette couche, des saillies très-
prononcées. Détachées les unes des autres, ces protubérances sont
formées par une espèce de tartre dur et parfaitement adhérent à la

pierre : elles sont d'un blanc terne et très curieuses à voir, à cause des différentes figures qu'elles portent ou qu'elles représentent. Au bord supérieur, sont attachés, à droite, un petit chérubin avec les ailes étendues, à gauche, un cœur enflammé à la pointe duquel se rattache, par un lien imperceptible, une autre bosse plus considérable que les autres. Le contour de celle-ci est très-irrégulier. Elle contient une croix semblable à celle des croisés, puis trois petits carrés disposés en colonne verticale, et une jolie colombe en miniature dont la tête est tournée vers le cœur enflammé. A gauche et au dessous de la partie précédente, on voit une large tige ayant trois rameaux à son sommet, une couronne d'épines présentant une forme ovale par suite de sa projection sur le plan, et enfin un gros clou très-acéré vers la pointe. Tout ceci n'est cependant pas encore très-frappant. Ce qu'il y a de plus énigmatique et de plus extraordinaire, c'est la perspective d'une S majuscule placée derrière un grand et magnanime personnage qui prie à genoux au pied d'une grande croix. Qu'indiquent ces trois figures si bien proportionnées, si analogues à un même sujet, si bien assorties, soit pour la majesté des formes, soit pour l'harmonie de la situation? Faut-il regarder l'S majuscule comme étant l'initiale des mots Saint, Sainte, ou du mot Salette, commune dans laquelle s'est passé l'évènement? ou bien, faut-il la regarder comme étant la première lettre de tout autre mot commençant par S? Ce personnage, dont la tête est couronnée par un diadème, dont les mains jointes pressent quelque chose qui ressemble à un livre, dont le manteau superbe touche à la ceinture par une frange artistement découpée et porte une étoile étincelante dans la direction de l'épaule, dont la robe longue et traînante enveloppe et cache les pieds, est-ce l'emblème de la Sainte Vierge, est-ce l'emblème d'une sainte, d'une reine, ou bien encore, est-ce la représentation de quelque grand prince? Cette croix, située verticalement, suivant le grand axe de la pierre, et offrant au point de jonction des deux bras une sorte d'auréole, est-ce le symbole de la véritable croix? voilà tout autant de questions propres à exercer la sagacité des connaisseurs.

Au-dessous du personnage dont je viens de parler, à partir de l'extrémité gauche, il y a une partie obscure et creuse qui s'avance vers le côté droit. Cette interruption de la croûte supérieure est un signe non équivoque de la brisure opérée par **M. Jules Guédy**. Elle empiète sur le centre, sans avoir détruit cependant une longue palme, trois feuilles de chêne et un gland, indice de la force, une tête d'ange accompagnée de la moitié du buste, enfin une série de points qui affectent sensiblement la forme d'un chapelet terminé par une croix bien dessinée. Sauf quelques autres légères traces inintelligibles, c'est là tout ce que cette pierre peut offrir de remarquable. Je ne parlerai pas des différentes interprétations qui en ont été données, ni des représentations plus ou moins vraies qu'on a voulu y trouver ; on sait que dans ces sortes de cas, chacun, suivant ses opinions ou ses préjugés, veut y voir des choses qui ne sont pas visibles à tous les yeux.

Quoiqu'il en soit, il résulte de ce qui précède, que s'il n'y a rien de miraculeux dans tout ce que je viens de décrire, si on ne peut démontrer en aucune manière qu'il y a quelque connexion entre l'apparition de la Sainte Vierge et la manière dont cette pierre a été découverte, au moins est-elle fort curieuse et fort étonnante, considérée au point de vue scientifique. Je ne pense pas, et c'est le sentiment de plusieurs ingénieurs qui l'ont examinée, je ne pense pas que jamais on ait rien vu d'aussi curieux en ce genre. On a pu trouver souvent des pétrifications de différents animaux, on a pu rencontrer des coquillages, des squelettes de poissons, des plantes, des fleurs incrustés dans diverses substances, mais a-t-on jamais découvert un échantillon aussi singulier, un composé chimique présentant un ensemble de figures si bien liées et dont le caractère est éminemment religieux ? A raison de ces considérations, M. Guédy a jugé à propos de tirer des copies de cette pierre et de les répandre partout. Même, il en a destiné une plus belle et plus parfaite que les autres à sa sainteté Pie IX.

Lorsque l'objet de ma visite eut été rempli, je me retirai et me disposai à faire une ascension sur les lieux miraculeux ou tout au moins à faire connaissance avec les sites principaux qui les avoisinent. Le soleil était éclatant et promettait une après-midi magnifique. En sortant de Corps, je commençai par me rendre compte de la physionomie et de l'ensemble de ce pays, qui n'est nullement à dédaigner. Il est bâti au pied d'une chaîne de montagnes qui le masquent du côté du Midi et de l'Est, et qui s'étendent au Nord parallèlement aux eaux du Drac. Cette rivière, rapide dans son cours mais restreinte par la nature des endroits qu'elle baigne, termine la plaine de Corps à l'Ouest et contribue beaucoup à son embellissement. Considéré en lui-même, ce pays exerce, par son importance relative et par sa situation, une influence générale sur les hameaux circonvoisins. C'est un chef-lieu de canton, dépendant de Grenoble, comptant à peu près une population de deux mille âmes, confiées, pour ce qui concerne le spirituel, au zèle d'un curé et d'un vicaire. La police extérieure y est maintenue par un juge de paix, par les autorités municipales et par la gendarmerie Situé sur la ligne de Grenoble à Marseille qui le traverse au milieu, il est exposé à l'agitation ou si l'on aime mieux aux désordres qui, d'ordinaire, distinguent les pays de passage ; car, si le commerce et les hôtelleries grandissent les populations à leurs propres yeux, il n'est que trop vrai qu'elles y trouvent aussi les sources les plus fréquentes de leur dégradation morale.

Avant l'évènement de la Salette, la conduite des habitants de Corps pouvait être regardée comme une confirmation de ce principe.

Ils étaient endormis dans l'indifférence et dans l'apathie religieuses; ils avaient perdu le goût des choses saintes; les offices de la paroisse étaient abandonnés, les fêtes et les dimanches profanés par des travaux sacriléges et publics. Au respect de la divinité et à la pratique de la prière, avaient succédé le mépris, la dérision du culte et l'usage impie de proférer des blasphèmes. La foi avait sensiblement faibli dans cette triste population absorbée par les intérêts matériels, et vouée aux suites désastreuses de l'impiété. Mais voilà que deux enfants racontent un fait merveilleux, étonnant, imprévu; d'abord leurs paroles sont accueillies avec des marques évidentes de dédain, de raillerie et d'incrédulité; cependant ils persistent dans leurs affirmations avec autant de calme que de ténacité; on les presse, on les tourne de toutes les façons, on les conduit sur la montagne pour obtenir d'eux des explications catégoriques; on scrute, on raisonne, et bientôt les sentiments de doute et de défiance sont bannis. La piété reprend son empire, l'Église se remplit de fidèles dont l'esprit et le cœur sont renouvelés, les sacrements sont fréquentés avec un rare empressement, la parole de Dieu trouve un écho puissant, la loi sacrée du dimanche est observée avec une exacte rigueur, les travaux profanateurs et les formules attentatoires à la majesté divine sont considérés comme des monstruosités (1). L'impression causée par le récit des jeunes bergers est si vive, les faits postérieurs qui semblent la confirmer obtiennent tant de crédit, que l'on refuse de se livrer, le jour du

---

(1) M. le brigadier de la gendarmerie a déclaré que, depuis cette époque, il n'avait pas eu un seul délit à réprimer.

Seigneur, aux travaux rendus en quelque sorte indispensables par la nécessité, travaux que l'Église, toujours sage et inspirée, est loin de défendre. Ainsi, les rouliers de Provence, quelque embarras que leur causent leurs lourdes charges, quelques pressés qu'ils soient par le temps et par les affaires, ne trouvent plus de renforts ; les orages menacent la récolte, on ne veut point la préserver sans un ordre particulier du pasteur ; une diligence allant de Grenoble à Gap a besoin d'une réparation urgente et au défaut de laquelle le salut des voyageurs est compromis, n'importe, aucun ouvrier ne veut prêter le secours de son industrie avant que la nuit ne soit venue.

On blâmera peut-être ces scrupules religieux et ces exagérations de la morale catholique : cependant, qu'on ne se hâte pas de le faire avec trop d'amertume. Il faut remarquer que le peuple est naturellement impressionnable, et que la connaissance de la vérité produit dans son esprit et dans son cœur des effets bien plus énergiques que dans les classes à demi-savantes, parce qu'il n'a ni leur orgueil ni leur sot pédantisme. Moins coupable que malheureux, il est victime de l'égarement dans lequel des meneurs perfides et dorés ont eu la triste habileté de le faire tomber ; mais un rayon régénérateur a-t-il brillé à ses yeux, un phénomène moral a-t-il ébranlé sa conscience, aussitôt il brise le rempart qui retenait sa vertu captive ; il se jette, tête baissée, dans la pratique des actes religieux, voulant réparer son ignoble passé et rendre à Dieu autant qu'il lui avait ôté. Dans les premiers moments d'une conversion spontanée, il n'hésite pas, il ne calcule pas et il montre par ses allures larges et nobles qu'il est fait pour ce qu'il y a de plus grand et de plus beau.

Après m'être livré à ces considérations, je m'engageai dans une gorge étroite qui est située dans la direction Nord-Est par rapport au village. On y suit à mi-côte un chemin solitaire, d'où les regards sont également frappés et par la profondeur d'un ravin qui roule sourdement ses eaux écumeuses et par l'élévation des montagnes qui semblent menacer la vie du voyageur. Cette entrée étroite et pittoresque qui vous jette brusquement dans une région isolée, est un avertissement secret de laisser en arrière les idées vaporeuses, les sentiments creux et superficiels d'une société délirante et décrépite. L'âme involontairement saisie, se sent élevée au-dessus d'elle-même, et cette première disposition ne faisant que s'accroître à mesure qu'on avance, elle finit par acquérir le pressentiment de que'que chose de mystérieux. Quand on a marché une heure environ sur une pente bien ménagée, on arrive au niveau du ravin sur lequel un pont a été jeté. Après l'avoir franchi, on quitte la rive gauche pour suivre désormais la rive droite. A quelques pas de là, sur les limites du territoire de Corps, est bâtie une chapelle appelée Notre-Dame-de-*Gournier*. Entre le pont et la chapelle qui en est très-rapprochée, s'élève une croix rouge dont, par dévotion, on a coupé de gros morceaux. C'est une preuve bien étonnante de l'esprit religieux qui anime ces populations, car le bois dont je parle, n'est pas à mi-chemin de Corps à la Salette et n'a par conséquent aucun rapport à l'apparition. Jusqu'au pont, le chemin n'offre rien de scabreux et de pénible, mais une fois que le ravin a été franchi, on entame une suite de montées rudes et nombreuses qui se succèdent presque sans interruption. Elles mènent suivant les sinuosités formées par les collines dont les flancs allongés s'enchevêtrent à la base. Cette disposition sert très-bien à faire ressortir la fraîcheur et l'élancement des forêts, ainsi que la perspective agréable de mille cascades qui tombent gracieusement au milieu des rochers. Ayant tourné vers le Nord, on arrive à une seconde chapelle, dédiée à St. Sébastien qui est l'objet d'un culte particulier. Le frontispice porte cette invocation: « *St.-Sébastien, priez pour nous et préservez nous de la peste.* » Laissant la chapelle à droite et appuyant sur la gauche, on parvient enfin à l'issue de la gorge.

Cette nouvelle position est remarquable en ce que on éprouve un moment de surprise en voyant tout à coup se dérouler avec majesté un grand demi cercle. En face et vers le centre, on aperçoit la flèche élégante d'un clocher, quelques maisons qui l'avoisinent et par dessus, à une grande hauteur, le mont *Sous-les-baisses* dont la croupe arrondie est terminée par une croix. C'est derrière cette croix et sur le versant opposé, qu'a eu lieu l'évènement merveilleux. A côté du mont *Sous les-baisses*, un peu vers la gauche, s'élève hardiment la pointe dominante du Mont. *Gargas*. Elle mesure plus de deux mille mètres au-dessus du niveau de la mer. Quand on a le courage de la gravir, les regards plombent jusque sur la ville de Grenoble et sur le fort redoutable qui la tient en respect. Du côté droit, par derrière mille côteaux verdoyants, apparaissent les cimes nues et sauvages de la chaîne principale des Alpes, qui se prolonge vers le Midi. Comme on a devant les yeux trois montagnes adjacentes, en forme d'hémicycle, qui se pénétrent mutuellement et se confondent à la moitié de leur hauteur, la nature présente l'aspect d'un vaste berceau richement et pompeusement orné des dons d'une belle végétation. On y voit des prairies immenses qui, étendues comme de vastes tapis, obéissent en se courbant ou en se relevant aux ondulations capricieuses du terrain ; on admire les bois touffus, bien plantés et vigoureux au fond desquels on soupçonne des retraites délicieuses ; on aime à suivre des yeux et à entendre une foule de ruisseaux et de torrents qui rompent l'uniformité de la scène, et s'enfuient avec précipitation, entretenant partout la fraîcheur et la fertilité.

Il n'existe pas, ainsi qu'on le croit généralement, de village spécial qui porte le nom de Salette, car le hameau qui s'offre le premier à la vue et qui est distingué des autres par son clocher, s'appelle simplement le Village de l'Église. Comme c'est là que résident M. le curé et M. le maire, il ne doit être considéré que comme le centre de la commune elle-même qui est composée de douze hameaux. Le premier est celui dont je viens de parler ; les autres sont : *Saint-Julien*, les *Pras*, les *Rebours*, les *Peyas*, les *Matthieu*, les *Granges*, les *Fallavaux*, le *Serre*, *Chabannerie*, les *Ablandens* et *Ourcière* qui est le plus élevé de tous et le dernier que l'on traverse avant d'atteindre la montagne. On se figure aisément que le calme, la paix et une douce liberté règnent dans ces lieux. Renfermés sous leur toit de chaume que recouvre une mousse séculaire, ces habitants fortunés sont étrangers aux bouleversements et aux soucis rongeurs qui tourmentent l'homme du monde ; ils passent leur quartier d'hiver auprès de leur foyer, sans ambition et sans regret ; puis, dans la belle saison, ils se livrent aux paisibles travaux des champs, où un climat tempéré et un air pur portent la joie et le bonheur dans leur âme.

Leurs mœurs sont simples et honnêtes. Ils vivent comme les patriarches au sein d'un doux repos, au milieu des délices de la famille, affranchis des dures nécessités que crée chaque jour le luxe entraînant des cités, et une vaniteuse industrie. Pour comble de biens, ils sont également étrangers et aux scènes déchirantes du crime et au spectacle hideux de la misère. Ils sont totalement séquestrés des grandes voies de communication et voilà pourquoi, avant l'apparition, ils n'avaient jamais été visités par des voyageurs. Aussi, depuis un an, témoins du passage journalier de toute sorte d'étrangers, il ne peuvent s'étonner assez de ce que leurs montagnes soient devenues si promptement célèbres. Ils sont stupéfaits, ébahis de se trouver en contact avec des personnes de toute condition et de tout pays, qui ne cessent de les questionner et d'exiger leurs services jusqu'à l'importunité. Cet étonnement est du reste fort naturel, car rien de saillant et de particulier n'étant propre à intéresser les curieux dans le parcours de ces contrées ; il a fallu un motif surnaturel et inattendu pour ouvrir ainsi ces sentiers inconnus à la foule empressée.

Le paysage que j'avais devant les yeux, les sites pittoresques, le grand tableau de la nature m'avaient bien dédommagé de la lassitude que j'éprouvais pour avoir atteint la moitié de la distance. Mais une circonstance particulière vint augmenter la poésie de cette première excursion. C'était le samedi, veille de l'anniversaire de l'apparition. Comme le bruit de la fête qui devait être célébrée le lendemain, s'était répandu dans les pays environnants, dès le matin, on avait commencé à se rendre sur le mont appelé *Sous-les-baisses*. Pendant le courant de la journée et principalement sur le soir, les bons villageois et les pauvres habitants des hameaux avaient accouru pour célébrer les louanges de leur bien aimée patronne. Je vis passer moi-même un grand nombre de ces pieux pèlerins qui se succédaient presque sans interruption. Il ne faut pas s'imaginer que ce fussent seulement quelques personnes isolées qui se traînassent péniblement sur un rude sentier, c'étaient des groupes de dix, vingt, trente, quarante, cinquante, soixante, jusqu'à soixante-dix personnes, ainsi qu'on l'a compté, qui marchaient à la file les unes des autres, dans un ordre parfait, les rangs serrés, l'air grave et modeste, la joie et la confiance dans le cœur. Ici, on récitait le chapelet à haute voix, là, on faisait retentir les airs de pieux cantiques. Tantôt une bonne femme, respectable par son âge et par ses vertus, tenait un livre ouvert à la main et occupait les pensées de toute la compagnie en lisant quelques touchantes réflexions ; tantôt on entendait ces naïves et éloquentes paroles: « *Suivons Jésus pas à pas,* » auxquelles tout le groupe répondait : « *Du Calvaire jusqu'au trépas.* » On les répétait dix fois et puis on recommençait avec un zèle toujours nouveau. Il est impossible de trop louer la foi, la piété, le dévouement de ce bon peuple. J'étais interdit à la vue d'un pareil spectacle et je me disais:
« Mais où vont donc ces pauvres habitants des montagnes ? Que
» vont-ils faire là-haut à une heure si avancée ? Comment osent-
» ils s'exposer durant toute la nuit aux intempéries de l'atmosphère ?
» C'est une bien grande merveille qu'un pareil empressement causé

» par un motif surnaturel. La conviction profonde dont ces gens-
» là font preuve, serait un véritable problème pour un esprit or-
» gueilleux et prévenu. Que les rationalistes viennent poser ici
» leurs superbes dénégations, leur éternel « *qui sait?* » on les
» regardera en pitié, on rira de leurs tergiversations et on passera
» outre. Le peuple est franc et large dans son action ; il ignore
» les voies cauteleuses de l'hypocrisie. Il sait fouler aux pieds la
» loi du respect humain, qui tient rampantes et enchaînées tant de
» nobles âmes que la lumière de la vérité éclaire. » Et tandis que
j'admirais en silence le spectacle qui s'offrait à ma vue, de nouveaux
groupes passaient à mes côtés, de moment en moment, et je me
plaisais à les considérer formant une longue chaîne. Peu à peu,
lorsqu'ils furent parvenus aux endroits élevés où des sentiers scabreux et resserrés les contraignaient de marcher un à un, je les
vis, dans le lointain, se déployer sur le plan incliné de divers co-
teaux, en lignes mouvantes et tortueuses. Il ne manquait rien à la
grandeur de ce magnifique tableau.

On peut estimer à quinze cent ou deux mille le nombre des voyageurs qui ont passé la nuit sur la montagne. Bien que leur dévouement me parut héroïque, je ne pus me décider à imiter leur exemple. Il était à peu près certain qu'il n'y aurait pas possibilité de
trouver un gîte ; d'un autre côté, les variations subites de la température, si ordinaires sur les points élevés, avaient accumulé des
vapeurs obscures et caché l'azur du ciel, jusque-là éclatant. En
conséquence, le meilleur parti à prendre fut de revenir à Corps,
quitte pour recommencer l'excursion le lendemain.

A peine de retour, je ne tardai pas à m'apercevoir que ma résolution avait été prudente. En effet, la pluie commençait à tomber
avec force et devait durer toute la nuit sans relâche. Par suite, tous
les étrangers étaient refoulés dans l'intérieur des hôtelleries où régnait la plus vive agitation. Comme il était arrivé une masse considérable de voyageurs, coup sur coup, maîtres et domestiques
avaient perdu la tête. Ils étaient interpellés de tous les côtés à la
fois, ils étaient étourdis par le bruit et par le tumulte des conversations ; ils ne savaient, ni ce qu'ils disaient, ni ce qu'ils faisaient,
n'ayant plus de logement à donner, l'embarras était parvenu à son
comble. Il fallait alors mettre à contribution la bienveillance des
particuliers ; il fallait les prier, les conjurer de donner un lieu de
refuge à tant de postulants, quelque pauvre que fût le réduit qu'on
eût à leur offrir. Plus d'une personne fut obligée de passer la nuit

dans la voiture qui l'avait amenée. C'était le dernier et l'unique parti qu'elles eussent à prendre. Jamais le village de Corps n'avait vu tant de monde à la fois. Les habitants étaient profondément surpris, car ils ne s'étaient nullement attendus à un concours pareil. Les étrangers eux-mêmes étaient étonnés de se rencontrer en si nombreuse compagnie. C'était quelque chose d'assez curieux, puisque personne ne les avait appelés; d'ailleurs ils ne s'étaient point concertés, ils n'avaient point formé de complot, et ils se trouvaient spontanément réunis dans un but tout mystérieux. Frappé de ces considérations, un conducteur de diligence ne put s'empêcher de dire en déchargeant la voiture : « Je ne sais pas pourquoi ces deux marmots font courir tant de monde! » Cette réflexion lui était bien permise à lui qui n'entendait pas ce que signifiait cet élan populaire et qui ne pouvait en pénétrer la raison.

Pendant que j'étais à table avec plusieurs étrangers, parmi lesquels se trouvait un prêtre du diocèse de Troyes, la conversation s'engagea sur les faits extraordinaires, en général, qui se révèlent dans notre époque. On s'étendit surtout sur la question du magnétisme et à ce sujet le prêtre dont je viens de parler, spécialement instruit sur cette partie, cita plusieurs expérimentations fort curieuses. Il considérait d'ailleurs ces phénomènes comme le résultat d'un agent naturel, d'un fluide invisible qui pénètre tous les corps. Alors quelqu'un prenant la parole, lui dit : « Monsieur, puisque,
» à l'aide du magnétisme, on obtient des effets si surprenants, on
» devrait l'employer pour arracher aux jeunes bergers le secret
» qu'ils disent avoir reçu. Tous les moyens ordinaires ayant été
» vainement épuisés, il n'en reste plus qu'un seul : c'est de les
» mettre en rapport avec une personne magnétisée et alors on saura
» s'ils mentent ou s'ils disent la vérité. » Le prêtre répondit que puisque, selon toute apparence, le secret dont ils étaient dépositaires leur avait été confié par une voie surnaturelle, le magnétisme, qui n'agit que d'après des lois ordinaires, demeurerait impuissant et ne pourrait pas manifester ce qui se passait à cet égard dans la conscience des jeunes enfants. On approuva généralement cette réponse et on conclut que le secret était réellement impénétrable. Quelques instants après cet entretien, chacun se retira pour aller prendre quelques heures de repos qui s'écoulèrent rapidement. On se quitta avec un vif désir de se trouver bientôt au lendemain.

Enfin, ce jour, si longtemps convoité, arriva. C'était le dimanche 19 septembre 1847, fête de Notre-Dame-des-Sept-Douleurs pour toute l'Église, et anniversaire de l'apparition de la Sainte Vierge pour la Salette.

En me levant, mon premier soin fut de regarder l'état de l'atmosphère. Je vis avec peine que le ciel était couvert de nuages et que la journée s'annonçait triste. Je craignais que cette circonstance fâcheuse n'empêchât beaucoup d'étrangers de venir et ne nuisît à l'éclat de la fête. J'allai ensuite à l'Église de Corps pour y célébrer la messe. Il y avait une troupe considérable de fidèles qui priaient humblement prosternés. Au sortir du lieu saint, je me disposai à partir pour aller sur la montagne. En traversant le village, je remarquai qu'une centaine de voitures étaient stationnées à la file les unes des autres, sur une des lisières de la grande route, et que ce nombre grossissait à chaque instant. Après avoir perdu les maisons de vue, je commençai à pénétrer dans la gorge étroite dont j'ai déjà parlé. Le sommet des montagnes qui la limitent était caché par d'épaisses vapeurs. A chaque pas, je rencontrai des personnes qui retournaient, les souliers crottés, les habits mouillés, l'air souffrant mais résigné. D'autres au contraire allaient en avant et se joignaient à moi dans une marche qui avait le même but. C'était, en général, des gens d'une basse extraction, mais il y avait aussi des dames suivies de leur famille et appartenant à un rang distingué. Une d'entre elles, plus avancée en âge et habituée à ne sortir qu'en voiture, se trouva tellement harassée de fatigue qu'elle était sur le point de rétrograder, lorsque sa jeune fille dont elle était suivie, désespérée de revenir sans avoir touché au terme, se mit à pleurer et à supplier sa mère en lui disant: « Maman, je t'en conjure, » allons toujours..... Nous serions venues jusqu'ici pour nous » retourner..... oh! quelle douleur! viens donc! aies patience! » le bon Dieu nous aidera et nous en viendrons à bout. » Sur ces entrefaites, M. le curé intervint, invita, pressa cette pauvre dame qui succombait de lassitude et la détermina à poursuivre son chemin.

Lorsque j'eus traversé le hameau des Ablandens, je rencontrai un voyageur d'une haute stature et revêtu de l'habit monastique. C'était un pèlerin qui marchait depuis trois jours. Il venait d'Antibes, petite ville maritime, et avait quitté sa chapelle bâtie sur le bord de la mer, pour venir invoquer, à la Salette, celle qui calme les vagues écumantes et qui porte la joie dans le cœur du solitaire.

Après l'avoir quitté, je traversai le hameau d'Ourcière qui est situé à peu près aux trois quarts de la distance à parcourir, et commençai la formidable montée qui conduit au lieu du miracle. Le sentier par lequel il faut passer est de lui-même scabreux et brusquement incliné. Ce jour-là, il était presque impraticable, soit à cause des passants qui se heurtaient et s'entrechoquaient, soit à cause de la pluie torrentielle qui avait détrempé le terrain et l'avait rendu extrêmement glissant. Aussi plusieurs personnes qui étaient montées à dos d'âne ou de mulet, firent des chutes qui heureusement n'eurent pas de suites fâcheuses, quoique la disposition des lieux présentât du danger. Arrivé à une certaine hauteur, je pénétrai dans un brouillard épais et froid dont toute la région supérieure était enveloppée. Il me tardait d'arriver, car il y avait près de quatre heures que j'étais en marche et d'ailleurs, comment n'être pas impatient de voir le théâtre d'un évènement célèbre ? tout-à-coup, j'aperçus au-dessus de moi et à quelques pas de distance une foule compacte dont l'attitude était animée. Je touchais enfin au terme de mes désirs. Quelle joie !... Quelles émotions délicieuses !... Mais d'un autre côté, quelle fatigue ! j'était trempé de sueur et cependant l'atmosphère, aussi froide qu'humide, était saturée de brumes ténébreuses à travers lesquelles on voyait se mouvoir une immense multitude. On ne trouvait à poser le pied que dans la boue ou sur le gazon mouillé. Mon premier soin fut de pénétrer au milieu de la masse, où la température est toujours plus élevée, et de me diriger vers une chapelle en planches construite à la hâte pour la célébration du saint sacrifice. Je franchis sans trop de peine une certaine distance, mais parvenu à quelques pas de l'entrée commune, il me fut impossible de pousser plus avant. La presse était si grande, le flot populaire si puissant, qu'il fallut céder à une lutte inégale et renoncer à mon projet. Beaucoup d'autres personnes éprouvèrent le même sort ; elles ne purent parvenir à satisfaire leur dévotion suivant la mesure qu'elles s'étaient proposée. Plusieurs prêtres ne purent célébrer la messe et dûrent se borner à l'entendre, mêlés à la troupe des fidèles, qui se tenaient debout et qui étaient agités par les saints transports d'un zèle insatiable. Voyant qu'il était inutile de tenter de nouveaux efforts pour pénétrer dans la chapelle, je m'éloignai du centre du mouvement, afin d'étudier la nature et la position du terrain. En montant par le sentier d'Ourcière, on tourne sur le flanc de la montagne *Sous-les-baisses* et on aborde, par le côté Sud, sur la crête d'un plateau peu large mais allongé de l'Est à l'Ouest. Du côté de l'Ouest, il est adjacent à une montagne conique dont le sommet est dominé par la grande croix dont j'ai parlé plus haut. Du côté de l'Est, il est borné par un côteau au pied duquel on a construit la chapelle. On voit en outre cinq baraques en planches, destinées à offrir aux voyageurs quelques soulagements provisoires.

Quand on a traversé le plateau dans le sens de sa largeur, ce qui est l'affaire d'une minute, on descend par une pente brusque dans la combe du ravin appelé *Sezia*. Ce ravin suit la direction du plateau, c'est à dire qu'il coule de l'Est à l'Ouest et se trouve précisément au pied du Mont *Gargas* dont le versant, du côté du Midi, offre un aspect riant. C'est sur le côté droit de ce ravin, resserré entre deux pentes rapides, et sur une grande pierre au-dessous de laquelle jaillissait une source intermittente, que s'est montré le personnage mystérieux. Au Nord et à l'Est, l'enceinte du paysage est fermée par de hautes montagnes généralement couvertes de pâturages. On voit assez par-là que le spectacle de la nature en cet endroit est simple, grand et sauvage. Dans le lointain, on aperçoit le Mont *Pharo*, les gorges du *Dévoluy* et le Mont *Obiou*. Du reste, on ne rencontre ni broussailles, ni arbustes, ni tas de pierre, ni trace d'habitation. Tout y est à découvert, tout y est à nu, tout y est parfaitement facile à saisir.

C'est là que quinze cents personnes avaient passé la nuit du samedi au dimanche sans abri, sans asile, exposées au froid, à une pluie battante et non interrompue, à la défaillance qu'amène avec lui un état de souffrance lente et progressive. Accroupies les unes à côté des autres, elles s'étaient excitées mutuellement à la résignation et s'étaient consolées, en répétant sans cesse leurs invocations à Marie ou en célébrant ses louanges par de pieux cantiques.

Quelque pénible et quelque douloureuse que fût leur position, elle valait encore mieux que celle d'une foule d'autres voyageurs qui, usant du droit que leur avait donné la priorité, s'étaient réfugiés, dès les premiers indices du mauvais temps, dans les habitations les plus rapprochées. A la vérité, ils s'étaient mis à couvert, mais comme ils s'étaient jetés pêle-mêle dans des réduits étroits, en un instant ils les avaient comblés. Toutes les places avaient été occupées du premier coup et ce fut sans succès qu'à chaque moment de la nuit, des malheureux transis de froid, vinrent implorer un asile. A l'intérieur de ces bicoques en planches on était pressé, poussé, suffoqué par la chaleur, étouffé par la privation d'air.

Un artiste, venu de Grenoble pour prendre, au daguerréotype, l'ensemble de la foule, se sentit tellement oppressé qu'il fut obligé de céder le coin dans lequel il était allé se tapir, aimant mieux s'exposer à la pluie que périr asphyxié.

Un grenier à foin dans lequel quatre-vingts prêtres s'étaient réfugiés, faillit écraser par sa chute tous ceux qui étaient par-dessous. Fort heureusement, au premier craquement qui se fit entendre, on s'empressa d'étayer solidement la partie du plancher qui menaçait ruine. On en fut quitte pour la peur.

Cette gêne, cette confusion, ces souffrances n'empêchèrent pas l'exercice de la prière et le chant des cantiques. Dans diverses réunions et à plusieurs reprises, des prêtres zélés firent la méditation à haute voix, adressèrent des paroles édifiantes, soutinrent le dévouement et le courage des pèlerins.

Vers les trois heures du matin, on procéda solennellement à la bénédiction de la chapelle, au milieu des chants d'allégresse et des flambeaux qui étincelaient dans les ténèbres. Quand la bénédiction fut finie, on commença à célébrer le saint sacrifice sur un autel à deux faces. Il était environ midi lorsque la soixante-douzième messe venait d'être achevée. Un grand nombre de fidèles s'étaient approchés de la table de communion et beaucoup d'autres n'avaient pu le faire à cause de l'encombrement.

A midi, je vis se former spontanément un grand cercle sur le versant du Mont-Gargas au-dessus de la fontaine. Une partie de la foule était réunie sur ce point. Je ne savais à quoi attribuer cet empressement, lorsque j'aperçus un prédicateur qui agitait ses longs bras, se livrait aux grands mouvements de l'éloquence et faisait éclater sa voix mâle et sonore. C'était M. Sibila, vicaire de la Tronche (près Grenoble). Il excitait l'ardeur et enflammait l'âme de ce bon peuple accouru de si loin, et si confiant dans la vérité du prodige. J'étais trop éloigné pour saisir le sens de ses paroles qui se perdaient au milieu du bruit.

Lorsque ce groupe se fut effacé, il s'en forma successivement et rapidement plusieurs autres autour des jeunes bergers qui, eux aussi, s'étaient rendus sur la montagne bien aimée. Comme ils racontaient ce qui leur était arrivé, en montrant du geste tous les endroits que la Sainte Vierge avait parcourus et en imitant les signes qu'elle leur avait faits, chacun voulait les voir et les entendre ; de tous les points à la fois, on courait avec avidité pour les entourer, les questionner, les admirer. A la vérité, Maximin se retira de bonne heure ; sans doute pour obéir aux ordres de son père qui craignait pour lui les suites funestes d'une journée trop fatigante. On dit que dans la matinée, il avait demandé, de son propre gré, une entrevue avec M. le curé de Grenoble, homme vénérable par son âge et par sa haute sainteté et qu'il lui avait parlé durant une heure dans la sacristie. On ne savait pas quel avait été l'objet et le résultat de cette conversation. Quant à Mélanie, elle demeura plus longtemps. Partout où l'on apercevait sa longue robe bleue, on s'y précipitait en masse. Plus d'une fois, voulant se mettre à l'abri du choc et de la pression de la foule, elle se serra auprès de son père et de la religieuse qui l'accompagnaient. Cent fois elle répéta le même discours, inspirant toujours un nouvel enthousiasme ; jusqu'à ce qu'une extinction de voix lui ayant interdit l'usage de la parole, elle fut emmenée épuisée de lassitude et sur le point de tomber en syncope.

Quand les messes eurent été terminées, quatre prêtres s'avancèrent en face de la fontaine et se placèrent un peu au-dessous de la chapelle au milieu d'un peuple innombrable. Ils entonnèrent d'une voix extrêmement animée et retentissante, la belle invocation : *Salve Regina*, qui fut continuée aussitôt par des milliers de bouches. Au chant du *Salve Regina*, succéda celui du sublime cantique de Marie : *Magnificat anima mea Dominum* . . . . . Deux vastes chœurs s'organisèrent d'eux-mêmes. Sur la rive gauche du ravin se trouvaient le chœur principal et tous ceux qui couvraient le plateau. Sur la rive droite où j'étais, la seconde moitié des spectateurs, posée en face de la première, répondait par des chants brûlants à des chants plus brûlants encore. Le fond du ravin était entièrement occupé par un amas *incroyable* de gens empressés à se procurer de l'eau. Jamais, je n'ai entendu de plus beau concert ; jamais, je n'ai été plus profondément ému ; jamais, la voix des hommes ne m'a paru plus énergique, plus mâle, plus écrasante, plus victorieuse. La raison se trouble, l'esprit est confondu, l'orgueil est humilié, l'impuissance humaine fait ses aveux, en présence de pareilles manifestations. Il y eut surtout un moment sublime et solennel où il fut permis à chacun de jouir du plus bel effet. Le vent d'Ouest avait soufflé ; le brouillard épais qui interceptait les rayons du soleil s'était divisé pour donner passage à une brillante lumière. Alors, en un clin d'œil, toute la gorge fut illuminée ; nous pûmes nous voir distinctement et nous considérer entourés d'un subit éclat. Les figures, les costumes, l'expression religieuse de l'assemblée, tout ressortit avec une merveilleuse vivacité. Aussi les élans de la voix redoublèrent avec les élans de l'enthousiasme ; on s'oubliait soi-même, on était ravi, on ne tenait plus à la terre, on aspirait à un autre monde !.....

Oh ! quelles acclamations unanimes, quels cris, quelles délices, si, à cet instant fortuné, la reine des anges éblouissante de beauté, eut daigné reparaître en ces lieux !... Quel bonheur ineffable eut inondé ce peuple brûlant qui était venu la chercher dans le désert !.... Mais hélas ! que les pensées des mortels sont faibles et impuissantes ! Que leurs souhaits ont peu de force ! Les voies de Dieu ne sont pas les voies de l'homme ! Les desseins de la Providence toujours sages et profonds ne cessent de déjouer notre orgueilleuse ignorance !......

Un vénérable prêtre se trouvait à côté de moi. Je lui dis : « Com-
» ment trouvez-vous ce spectacle ? Quand même on ne croirait pas
» à la vérité de l'apparition miraculeuse, on ne pourrait pas com-
» mander à ses émotions. Nous avons une idée du grand rassem-
» blement des hommes à la vallée de Josaphat. » « Vraiment, me
» répondit-il, je n'ai jamais rien vu d'aussi beau. Eh ! voyez quelle
» ardeur ! quel enthousiasme ! C'est vraiment magnifique, c'est
» vraiment superbe !... »

Après le *Magnificat*, on chanta le cantique populaire qui commence par ces mots : *Bénissons à jamais*.

Enfin, on entonna en signe d'action de grâces le *Te Deum*, ode sublime, dont le début seul transporte. Toutes les poitrines se dilatèrent pour célébrer les louanges divines, et les échos allèrent redire aux échos les sentiments d'amour et de reconnaissance qui inspiraient à cette multitude un si vif enthousiasme.

Quand le *Te Deum* fut achevé, on était si ébranlé et si confiant envers la grandeur et la bonté de Marie, que M. le curé de Grenoble crut satisfaire aux désirs des fidèles et aussi à son propre cœur en adressant à la foule une allocution paternelle et chaleureuse. Il alla se placer auprès d'une croix plantée à l'endroit même où la Sainte Vierge a disparu et il se livra au feu d'une religieuse inspiration. A cause de l'éloignement, je ne pus entendre que les mots suivants : « C'est ici que ses pieds..... qu'êtes-vous venu voir
» dans le désert ? Est-ce un roseau agité par le vent ? Non, la
» Sainte Vierge n'est point un roseau agité par le vent. »

Après qu'il eut cessé de parler, je m'écartai avec quelques amis pour aller au sommet du mont *Sous-les-baisses*. Nous jugeâmes que ceux qui avaient occupé cette position durant le chant du *Magnificat*, avaient dû jouir d'un superbe coup-d'œil, car la gorge se déployait devant eux, également couverte de chaque côté par un amas immense de spectateurs. En descendant, nous cherchâmes à calculer approximativement le nombre des voyageurs qui s'étaient rendus à la Salette à l'occasion de la fête. Nous prîmes pour terme de comparaison une église de grandeur connue ou bien un espace contenant quelques mètres carrés. Nous conclûmes qu'on pouvait compter sans exagération sur trente ou quarante mille personnes, d'autant mieux que, dans le courant du jour et à partir de l'aube, soit à raison du mauvais temps, soit à cause de la fatigue, il en était retourné de six à huit mille. D'après cela, qu'on juge de la vie et du mouvement qui régnaient dans cette vaste assemblée. Quelques-uns ont porté le nombre des étrangers à cinquante, soixante, cent mille. Mais il y a tout lieu de croire que ces indications sont au-delà de la vérité. Parmi les assistants de tout âge, de tout sexe, de toute condition, et de tout rang, on doit mentionner en première ligne deux cents ecclésiastiques accourus de divers départements. Il appartenait au clergé de ne point rester au-dessous de cette grande manifestation populaire.

On croira peut-être qu'après avoir entendu les chants religieux, considéré l'ensemble et les détails de la cérémonie, examiné les sites, il ne restait plus qu'à revenir sur ses pas. On se tromperait. Il y avait encore à contempler un spectacle bien extraordinaire et bien touchant. Je veux parler de cette masse serrée et sans cesse renaissante qui rivalisait de zèle et d'empressement pour parvenir jusqu'à la source bienfaisante. Sauf quelques heures de la nuit, la fontaine avait été assaillie et cernée de tous côtés sans interruption. Chacun s'avançait tenant à la main soit des bouteilles, soit des cantines, tâchait de pénétrer et mettait son ambition à s'aboucher avec l'homme de peine qui, la tête penchée, les genoux à terre, le corps entièrement couvert par le flot de la populace, remettait de temps en temps l'eau précieuse puisée à grands efforts.

Les infirmes, les malades, les estropiés se tenaient douloureusement et en grand nombre derrière le cercle épais des gens valides, attendant qu'une main amie leur apportât le remède qu'ils étaient venu chercher au prix de tant de fatigues et de tant de souffrances. Y en eut-il parmi eux quelqu'un qui fut guéri? — Non seulement, la chose est possible, mais encore, d'après un article contenu dans le journal *La voix de la verité*, il paraît certain qu'un aveugle a recouvré la vue par l'application de l'eau du *Sezia* sur les yeux. J'ai ouï dire à Corps, qu'il y avait eu une guérison le jour de la fête et que la personne qui en avait été l'objet l'avait tenue secrète, sans doute pour ne pas s'exposer aux importunités de la multitude que cette nouvelle aurait nécessairement exaltée. Je jugeai d'ailleurs, qu'au milieu de cette immense cohue, il aurait fallu un miracle bien éclatant pour qu'il pût être constaté par la masse des spectateurs.

L'agglomération considérable, formée autour de la fontaine, s'éclaircit un peu vers la fin du jour; elle avait été tellement incessante jusque-là que je ne pus moi-même voir la source d'où l'eau s'échappait. Plusieurs personnes, venues de très loin, furent fâcheusement réduites à retourner sans avoir pu s'en procurer une goutte. Il me fut également impossible de pénétrer jusqu'au chemin de la croix, tracé sur le passage qu'a suivi la Sainte Vierge. Il s'étend depuis l'endroit où elle a parlé aux enfants, jusqu'à celui où elle a disparu à leurs yeux. En quittant la gorge, la plupart des personnes remontaient de croix en croix et formaient une chaîne aussi continue que serrée. Elles ne se bornaient pas à de simples prières; des chants particuliers et non interrompus se mêlaient toujours aux prières vocales; on se prosternait humblement; on baisait le sol, on prenait avec avidité des poignées de cette terre regardée comme bénie; on rognait toutes les croix pour en détacher des morceaux. Quelle foi! quelle ardeur! quelle énergie dans le peuple! que les incrédules apprennent de là qu'il existe encore quelque part, dans la France, de sincères croyants. Ils diront peut-être que ces gens-là ne sont que des esprits niais et superstitieux qui veulent faire revivre les absurdes exagérations du moyen-âge. Qu'importe? Cette conduite leur démontrera deux choses: la première, que l'artère catholique de la France, toujours gonflée par un sang pur, n'a pas cessé de pousser d'énergiques battements; la seconde, qu'au débordement des passions anti-religieuses on a opposé la sublimité de la foi. Heureux peuple! tu as conservé une planche de salut dans ton ignorance et dans ta misère, et nous, mille fois plus malheureux au sein de l'abondance et de nos trompeuses lumières, nous nous vantons d'avoir un cœur froid et un esprit superbe! . . . . .

A trois heures et demi, un vent d'Ouest se leva et balaya le brouillard qui s'enfuit vers les régions supérieures en rasant la terre. Nous avions été saturés par l'humidité durant toute la journée; nous avions froid; nous songeâmes à retourner, emportant avec nous le souvenir éternel d'une réunion aussi extraordinaire dans son objet qu'étonnante par son attitude.

Je dois ici rendre le témoignage que tout se passa dans la plus grande décence, avec la plus noble majesté, en un mot, avec tous les caractères qui distinguent les fêtes purement religieuses des fêtes civiles ou demi-religieuses. Il n'y eut aucun trouble, aucune manifestation d'impiété, aucun signe public de mépris pour la foi du peuple, si ce n'est de la part d'un protestant qui était venu de La Mure, pour obéir aux pressantes sollicitations de sa femme. Au lieu de garder la sage réserve et la politesse qui conviennent lorsqu'on partage des opinions contraires, ce malheureux, dès son arrivée sur la montagne, alla se jeter dans une des barraques vosines de la chapelle, pour y manger et boire avec quelques compagnons qui ne valaient pas mieux que lui. Au lieu de profiter du touchant spectacle qu'une parole amie avait voulu lui faire admirer, il se livra aux propos les plus insultants et les plus grossiers contre la Sainte Vierge, contre la religion, contre les chrétiens fanatiques qui s'étaient rendus en masse et de si loin pour vénérer des objets ridicules; il passa des propos les plus impies aux chansons les plus obscènes; il poussa la folie et la stupidité jusqu'à dire au jeune Maximin, en lui montrant une poignée d'écus: « Imbécille! sais-tu ce que c'est que la Sainte Vierge? tiens, la voilà!... C'est de l'argent. » Après avoir proféré toutes sortes de blasphèmes et après avoir épuisé de copieuses libations, il partit pour revenir chez lui. Comme la diligence de Gap à Grenoble sortait de Corps, il courut après elle, l'atteignit auprès d'un pont et voulut monter sur le devant pendant qu'elle roulait. Il s'élança étourdiment et à demi-grisé sur la croupe d'un des chevaux afin de s'accrocher ensuite à la plus proche fenêtre du coupé, mais sa main ayant glissé sur le poil luisant du cheval, il fut privé tout à coup d'un point d'appui indispensable et tomba misérablement sous les roues qui l'écrasèrent. Cette punition lui était due, après qu'il avait affiché si impudemment ses scandaleux sarcasmes. A part cette catastrophe, regardée presque comme un châtiment miraculeux, il n'y eut aucun malheur grave à déplorer. Tout se passa dans les limites de la sagesse et de l'ordre, dans un sentiment de fraternité commune. Aussi chacun se retira-t-il inondé de joie et de bonheur!......

Le lundi 20 septembre, j'allai au couvent des sœurs de la Providence et je demandai à parler aux jeunes bergers. Je voulus causer d'abord avec Maximin. Bientôt, Madame la supérieure le fit venir en ma présence et nous laissa seuls. Je lui dis en commençant: « Eh bien! Maximin, tu dois être bien fatigué ainsi que

» Mélanie, après une journée comme celle d'hier. Quelle foule
» immense! si vous ne dites pas la vérité, sais-tu que vous êtes
» bien coupables de faire courir ici tant de gens et de si loin! »
Il détourna la tête et ne répondit rien. En même temps, il exerça
son activité naturelle en parcourant des yeux et des mains tout ce
qui le frappait dans mon extérieur : la soutane, le rabat, les boutons, le cordon de montre. S'étant aperçu que j'avais un livre à la
main, il le prit sans façon, l'ouvrit au hazard et se mit à lire deux
phrases latines d'une leçon d'Ecriture Sainte. Je le félicitai sur ce
qu'il savait lire dans le bréviaire qui est écrit en latin et je lui fis
espérer qu'un jour peut-être il serait revêtu de la dignité sacerdotale. Après cela, je le priai de me raconter fidèlement tout ce qu'il
avait vu et entendu sur la montagne *Sous-les-baisses*, un an auparavant. Alors il devint plus attentif, sembla rentrer en lui-même,
baissa la tête et fit le récit suivant d'un ton bas et empreint de
tristesse.

« Nous avons été conduire nos vaches au pâturage ; nous nous
» sommes endormis, puis nous nous sommes réveillés après avoir
» goûté. Puis nous avons été voir nos vaches; en revenant nous
» avons vu une grande lumière près de la fontaine, nous avons
» eu un peu peur ; nous avons vu une dame assise comme ça.
» (Maximin fait un geste pour imiter cette attitude). La dame as-
» sise avait les coudes sur ses genoux, la figure dans ses mains.

» N'ayez pas peur a dit la dame ; je suis ici pour vous annoncer
» une grande nouvelle.

» Elle est descendue contre nous, nous sommes allés contre
» elle, puis elle nous a dit :

» Si mon peuple ne veut pas se soumettre, je suis forcée de
» laisser aller la main de mon fils, car elle est si forte et si pesante,
» que je ne peux plus la retenir.

» Depuis le temps que je souffre pour vous autres, si je veux
» que mon fils ne vous abandonne pas, je suis chargée de le prier
» sans cesse.

» Car, pour vous-autres, vous n'en faites pas cas.

» Mon fils vous a donné six jours pour travailler, il s'est ré-
» servé le septième ; on ne veut pas le lui accorder.

» C'est ça qui appesantit tant le bras de mon fils.

» Ceux qui mènent les charrettes ne savent plus jurer sans y
» mettre le nom de mon fils.

» Ce sont les deux choses qui appesantissent tant le bras de
» mon fils.

» Si la récolte se gâte, ce n'est que pour vous autres.

» Je vous l'avais fait voir l'année passée pour les pommes de
» terre, vous n'en avez pas fait cas.

» (Arrivé à cet endroit, Maximin dit que la dame, voyant qu'ils
» ne comprenaient pas, Mélanie surtout, ce que signifiait le mot
» *pommes de terre*, leur dit : Ah! mes enfants, vous ne comprenez
» pas le français, je vais vous parler en patois. Il continue lui-
» même en patois son intéressant récit).

» C'est au contraire : quand vous en trouviez de gâtées, vous
» juriez et vous y mettiez le nom de mon fils.

» Que celui qui a du grain ne le sème pas, parce que les bêtes
» le mangeront.

» S'il en vient encore quelques plantes, en les piquant elles tom-
» beront toutes en poussière.

» Il viendra une grande famine ; avant que la famine arrive,
» les petits enfants au-dessous de sept ans mourront du tremble.

» (En disant ces paroles, le jeune berger agite les bras convul-
» sivement et par secousses continues comme le fait une personne
» qui aurait la fièvre d'accès).

» Les autres feront pénitence par la faim.

» Les raisins pourriront, les noix deviendront mauvaises.

» (Après cette phrase, Maximin s'arrêta, parut réfléchir un ins-
» tant sur son secret et continua en disant :)

» Si on se convertit, le blé viendra sur la pierre et sur les ro-
» chers ; les pommes de terre se trouveront ensemencées à travers
» les terres.

» Elle nous a demandé si nous faisions notre prière ; nous lui
» avons dit que non, *pas guère*.

» Ah! mes enfants, a-t-elle dit, il faut bien la faire soir et
» matin, et quand vous n'aurez pas le temps, dites au moins un
» *Pater* et un *Ave*.

» Quand vous aurez le temps, il faut en dire davantage.

» Il ne va que quelques femmes un peu âgées à la messe ; les
» autres travaillent tout l'été les dimanches.

» Puis les dimanches, quand ils ne savent que faire, ils vont
» à la messe pour se moquer de la religion.

» On va à la boucherie comme des chiens.

» Vous n'avez point eu de blé gâté, mes enfants ?

» — Non, Madame.

» — Mon petit, tu dois bien en avoir vu une fois, au coin

» avec ton père ; l'homme de la pièce dit à ton père : Venez voir
» le blé gâté. Ils vont le voir, et ton père en prit deux ou trois
» épis dans sa main, les frotta, et tout tomba en poussière ; en
» revenant tous deux, ton père te donna un morceau de pain et te
» dit : tiens, mon petit, mange ce pain, je ne sais pas si tu en
» mangeras l'année qui vient.

» Eh bien oui, Madame ; je ne m'en souvenais pas, ai-je-dit.

» Eh bien, mes enfants, vous le ferez passer à tout mon peuple.

» Elle a passé le ruisseau, et elle nous a dit de nouveau : eh
» bien, mes enfants, vous le ferez passer à mon peuple.

» Ensuite elle a monté une quinzaine de pas, puis nous n'avons
» plus vu la tête, plus vu les bras, plus vu les pieds ; la clarté a
» disparu. »

Après que Maximin eut fini de parler, je lui dis :

— Mais ton secret. . . . .

Il me répondit aussitôt :

— Eh bien, puisque on nous a défendu de le dire.

Je poursuivis en disant :

— Si on vous a défendu de le divulguer, alors c'est différent ; mais est-il bien vrai que tu en aies un ?

— Oui.

— Tu dis que tu en as un, mais moi je ne le crois pas. Tu te seras entendu avec Mélanie pour tromper le monde.

— Si vous ne le croyez pas, qu'est-ce que cela me fait ?

— Sais-tu si Mélanie a aussi un secret ?

— *Je sais pas.*

— Oui, elle en a un, puisqu'elle le dit. Sais-tu s'il est le même que le tien ?

— *Je sais pas.*

— Est-ce à toi ou à Mélanie que la Sainte Vierge a d'abord parlé en secret ?

— C'est à Mélanie.

— As-tu compris ce qu'elle lui disait ?

— Non.

— Qui t'a dit de garder ce secret ?

— C'est la dame.

— Quand t'a-t-elle fait connaître ce secret ? Est-ce au commencement, au milieu, ou à la fin de son discours ?

Craignant de se compromettre, Maximin me jeta un coup d'œil, réfléchit un moment et me dit :

— C'est au milieu.
— Bien, c'est au milieu. Mais après quelle parole? De quoi s'agissait-il?
— C'est lorsque elle a parlé de la famine.
— Est-ce après avoir dit cette phrase: les raisins pourriront, les noix deviendront mauvaises?
— Oui.
— Eh bien, si tu veux que nous soyons amis, fais-le moi connaître; nous sommes seuls, personne ne nous entend?
— Non, je ne veux pas.
— Puisque tu ne veux pas me le dire, fais-moi connaître seulement si ce secret me ferait plaisir ou peine, supposé que je vinsse à l'apprendre.
— Ou il vous ferait plaisir ou il vous ferait peine.
— Penses-tu souvent à ce secret?
— Oui.
— Le matin en te levant, le soir en te couchant, t'en souviens-tu?
— Oui.
— Est-ce que tu n'as jamais rêvé que la Sainte Vierge t'avait parlé?
— Oui, ça m'est arrivé une fois.
— Voudrais-tu la voir encore une fois?
— Ah! oui.
— Était-elle bien belle?
— Oui, mais nous ne pouvions pas bien la regarder.
— Pourquoi?
— Parce que sa figure était trop brillante.
— Lorsque vous l'avez vue faisait-il soleil?
— Oui.
— Quelle heure était-il?
— C'était après midi et avant trois heures.
— La clarté que répandait cette dame, était-elle plus forte que celle du soleil?
— Oui.
— Alors elle devait être bien éclatante?
— Oui.
— Est-ce que vous n'aviez pas peur?
— Pas beaucoup.
— Avez-vous cru que c'était la Sainte Vierge?

— Non, nous avons cru que c'était quelqe dame qui passait par là.

— Tiens, regarde cette image que j'ai dans mon bréviaire. Ressemble-t-elle à la personne que tu as vue ?

— Oh! non..... pas plus!.....

En disant cela, il rejeta l'image que je lui montrais ; il était fatigué de mes questions, il fallut lui donner la liberté et il en fut bien aise.

Pendant cet entretien, je m'attachai vivement à Maximin ; involontairement, j'éprouvai une charme délicieux, un désir vague de l'entendre parler, de le sentir auprès de moi, comme si sa personne répandait une influence céleste. Je ne sais s'il y a illusion de ma part, mais on sent, quand on le voit de près, quand on le considère attentivement, quand on le tient dans ses bras, qu'il a été en communication avec un être supérieur et bienfaisant. Sa voix est douce, faible, mais touchante ; son regard vif et prompt annonce un caractère déterminé ; comme il est jeune et ardent, il aime le jeu à la folie ; il saute, il court, il va, vient, retourne, s'en va de nouveau, préférant de beaucoup la vie libre et indépendante des champs à la vie triste et sédentaire de l'école. Toutefois, la dissipation à laquelle il se livre est aimable, modérée, harmonique avec son tempérament nerveux et sanguin. La légèreté et les étourderies dont plusieurs personnes lui font un grand crime, ne l'empêchent pas de rentrer, sitôt que la circonstance l'exige, dans le ton et dans le maintien que demandent la nature de son récit ; il se calme tout de suite, il change de pose, il acquiert une gravité simple et modeste autant qu'il lui est permis de le faire, et se tient fort bien en garde contre toutes les attaques même les plus insidieuses. Voici le portrait qu'en a fait M. l'abbé Bez, chanoine honoraire de St.-Diez et d'Évreux, résidant à Lyon.

« Pierre-Maximin Giraud est né à Corps, chef-lieu de canton,
» arrondissement de Grenoble, le 27 août 1835, de parents pau-
» vres ; il est petit, porte une figure ouverte, large, ronde, an-
» nonçant la santé ; ses yeux sont beaux et pleins de feu ; il regarde
» avec douceur, fixe sans crainte et sans rougir ceux qui l'inter-
» rogent ; il ne reste pas un instant sans agiter ses bras ou ses
» mains, qui semblent contractés par des mouvements nerveux ;
» quand il parle, sa tête se penche légèrement sur l'épaule gauche ;
» il gesticule naturellement lorsqu'il cause, et quelquefois s'anime
» jusqu'à frapper sur l'objet qui se trouve près de lui, surtout

» lorsqu'on a l'air de ne pas s'en rapporter à ce qu'il dit. Jamais,
» cependant, il ne se fâche, même lorsqu'on le traite de menteur,
» pendant les longs interrogatoires que tout étranger, poussé par
» la curiosité, lui fait subir ; il se contente alors de jeter sur l'in-
» terlocuteur un regard de dédain, en soulevant légèrement les
» épaules et en détournant la tête. Maximin n'avait pas fréquenté
» l'école avant l'évènement qui lui a donné une certaine célébrité ;
» par conséquent il ne savait pas lire, et comme tous les enfants
» de son âge, dans une semblable position, surtout dans ces
» hautes montagnes, son éducation était nulle, et son instruction
» encore davantage. Sa pauvre mère, cependant, le conduisait à
» l'église les jours de dimanche et de fête ; mais, entraîné par sa
» légèreté naturelle, Maximin ne tardait pas à s'échapper à la vigi-
» lance maternelle, préférant les jeux de son âge, la société de ses
» compagnons, d'innocents plaisirs, à la gravité des offices et aux
» instructions de son pasteur. Si Maximin a des défauts, on ne
» lui connaît pas de vices ; il ignore même le nom du vice honteux
» si commun malheureusement de nos jours parmi les jeunes en-
» fants. Une personne grave lui demandant un jour si la Sainte
» Vierge, qu'il prétend avoir vue, lui avait parlé de l'impureté : Je
» ne comprends pas ce que vous voulez dire, Monsieur, répondit-
» il avec candeur ; je ne sais pas ce que c'est. Heureuse ignorance !
» Puisse-t-il la conserver jusqu'à la fin de ses jours ! »

Après avoir interrogé Maximin, j'appelai madame la supérieure avec laquelle je causai quelques instants. Je commençai par lui demander son opinion sur la vérité ou sur la fausseté de l'apparition de la Sainte Vierge. Elle me répondit que dans le principe, elle y avait ajouté peu de foi, mais qu'ayant eu sous les yeux les deux jeunes enfants depuis une année, et l'expérience lui ayant démontré que ni les tracasseries, ni les contradictions, ni les épreuves de tout genre, n'avaient pu les faire changer de langage, elle était forcée de reconnaître qu'il s'était passé en eux quelque chose d'extraordinaire. Elle ajouta qu'elle se comportait à leur égard d'une manière sévère, évitant avec soin de leur témoigner de l'estime, afin qu'ils ne tombassent pas dans une sotte vanité. Au lieu de les flatter, de les caresser, de leur faire accroire qu'elle avait en eux une pleine confiance, elle ne laissait échapper aucune occasion de les humilier, elle leur reprochait leurs défauts, leur grossièreté, leur ignorance ; elle feignait de les regarder comme des rêveurs, de petits menteurs ; elle opposait l'incrédulité et l'ironie à leurs

affirmations. Aussi, dit-elle, ils me craignent et me fuient comme le feu. Je crus m'apercevoir, en effet, dans plusieurs circonstances, que ces paroles n'étaient ni fausses ni exagérées, mais très-exactes. Je louai la prudence et la réserve de Madame la supérieure, son esprit judicieux et la droiture de ses intentions. « Au reste, poursuivit-elle, les œuvres de Dieu doivent
» toujours être éprouvées; c'est là un des caractères essentiels de
» leur vérité et de leur durée. Beaucoup de gens sont peut-être
» allés trop vite en avançant comme certain et irréfragable ce qui
» n'était pas encore défini; il faut du temps, des preuves pour at-
» tester l'authenticité d'un fait de cette nature; ce n'est point l'œu-
» vre d'un jour. Si le fait n'avait pas été contesté, s'il n'y avait pas
» des contradicteurs, serions-nous débarrassés de toute crainte en
» l'admettant comme véritable ? C'est pourquoi, j'ai appris avec
» plaisir qu'un homme éminent, le R. P. Lacordaire le combattait.
» S'il triomphe des difficultés qu'on lui oppose de toutes parts,
» dès-lors on aura un fondement assuré pour y croire. »

Je priai ensuite Mme la supérieure de me faire connaître les mœurs, les habitudes, les dispositions, l'état intellectuel des deux enfants; de me dire si elle n'avait pas remarqué en eux des défauts tels que la duplicité, le mensonge, l'hypocrisie; de s'expliquer nettement sur une accusation d'ivrognerie qu'on faisait peser sur Maximin, grief qui le déshonorerait lui et son récit. Elle me répondit que Maximin et Mélanie ne se fuyaient pas et ne se cherchaient pas, attendu qu'ils étaient étrangers l'un à l'autre avant l'événement. Quand il y avait entr'eux quelque petit sujet de dispute ou d'altercation, ils ne se permettaient aucun mot grossier et aucune parole injurieuse. C'étaient tout au plus quelques boutades et rivalités d'enfance exemptes de procédés blessants. Lorsque l'occasion de faire quelque niche, quelque escapade se présentait, ils ne laissaient pas que d'en profiter; mais comme ils savaient qu'après leurs fautes, la correction ne se faisait pas attendre, alors, dans les cas épineux où ils étaient pressés de s'expliquer sur leur conduite, ils cherchaient quelquefois à s'excuser et à se mettre à couvert par des réponses peu exactes; du reste, ils n'étaient pas capables de soutenir longtemps leurs petits mensonges, et bientôt ils étaient amenés à faire l'aveu de leur culpabilité. Ils étaient encore peu polis, peu prévenants, peu affables envers les personnes qui les abordaient, quoique d'ailleurs leurs allures franches et leur naïve simplicité les fissent chérir de tous ceux qui les avaient connus. Cela provenait de ce que leur éducation première avait été fort négligée, et de ce qu'ils étaient, par nature, peu susceptibles de perfectionnement. Mélanie surtout était très-dure à apprendre. Depuis un an qu'ils étaient à l'école, à peine commençaient-ils à lire et à réciter quelques lignes du Catéchisme. Ils avaient de la peine à retenir leurs prières vocales du matin et du soir. Ni l'un ni l'autre n'avaient encore fait la première communion. Il fallait plus d'un an avant qu'ils fussent à même de remplir ce devoir important. Du reste, à part les saillies de caractère et l'état inculte dans lequel ils avaient vécu, ils n'étaient sujets à aucun vice grossier, et jouissaient encore de la candeur et de l'innocence de leurs premières années. Mélanie voulait qu'on lui fît les manches de ses robes larges et pendantes comme celles des religieuses, parce que, disait-elle, la dame qu'elle avait vue les portait ainsi. Elle voulait un habillement simple et modeste, une coëffe relevée et couvrant la partie supérieure du front, un long cordon pour ceinture, une robe de couleur bleue. Elle courait toujours vers les vieilles femmes, dans l'espoir de trouver cachée, sous des dehors obscurs, la dame mystérieuse. Maximin s'élançait vers les pauvres et les mendiants qui se rencontraient sur son passage, parce qu'il avait entendu dire que Jésus-Christ avait souvent emprunté cette forme pour se manifester à ses serviteurs. Il n'était jamais si content que lorsqu'il se trouvait en leur présence; il aimait à leur raconter sa vision, et finissait par les gratifier des quelques sous que les étrangers veulent à toute force lui faire accepter. Quant à l'accusation d'ivrognerie dirigée contre lui, elle était fausse et il était aisé de l'en justifier. Deux fois, il est vrai, il avait succombé à un sommeil léthargique après avoir bu du vin, mais les circonstances dans lesquelles il se trouvait le rendaient pleinement innocent. La première fois, il était allé sur la montagne en compagnie de plusieurs personnes et de la supérieure elle-même du couvent. Après avoir fait quatre heures de chemin dans des sentiers rocailleux et à pente brusque, sous le feu d'un soleil piquant, il était arrivé trempé de sueur, la supérieure voulant prévenir quelque fâcheuse maladie, lui avait fait boire un doigt de vin chaud et sucré, qui l'avait été enivré. Il est facile de voir qu'il n'y avait aucune culpabilité de la part de Maximin. La seconde fois, plusieurs prêtres l'ayant conduit au même lieu et dans des circonstances analogues, l'avaient tellement pressé de boire, sous prétexte qu'il avait chaud, qu'ils l'avaient réduit en un instant à l'état de sommeil. Ils n'avaient pas réfléchi que ce qui ne produit rien de fâcheux sur un homme mûr, est plus que suffisant pour troubler la raison à un pauvre petit enfant. On ne peut donc en aucune manière accuser Maximin d'être sujet à l'ivrognerie. D'ailleurs Maximin et Mélanie étaient sobres et tempérants; sous ce rapport, on ne pouvait que les louer. Ils manifestaient toujours un grand intérêt à entendre parler de la Sainte Vierge ; ils allaient à la Salette toujours avec un nouveau plaisir ; huit jours avant la fête du 19 septembre, ils avaient demandé la permission de séjourner sur la montagne pendant toute la semaine, espérant, disaient-ils, voir de nouveau *la tant belle Dame*. Le refus qu'on avait cru devoir faire à leur demande, en vue de leur utilité, les avait plongés dans une profonde tristesse.

Je demandai encore à Mme la supérieure si, depuis le temps qu'elle avait les jeunes bergers sous son inspection, elle n'avait jamais remarqué qu'ils eussent varié dans leur récit, et surtout si, d'une façon quelconque, ils n'avaient pas laissé pénétrer leur secret aux personnes qui les entouraient habituellement. Elle me répondit qu'ils avaient toujours raconté la même chose dans les mêmes termes; qu'il n'y avait pas de différence à les entendre maintenant et à les avoir entendus le premier jour. Jamais, ils ne s'étaient laissé surprendre à l'endroit du secret; ils n'avaient rien dit, ni rien fait qui pût le faire découvrir. Seulement, un examen attentif et persévérant lui avait fait remarquer que lorsqu'on parlait à Mélanie touchant le secret, elle prenait tout à coup un air triste, et au contraire, quand on interrogeait Maximin là dessus, sa physionomie devenait sensiblement plus gaie et plus ouverte. D'où il résulte que leurs secrets sont distincts et ont rapport à des objets d'une nature différente.

Satisfait des explications qui m'avaient été données, je priai Mme la supérieure d'appeler Mélanie afin que je pusse l'interroger. Elle l'amena bientôt et se retira. Sur ces entrefaites, il se présenta trois personnes qui venaient aussi pour entendre le récit des jeunes enfants. Nous fîmes asseoir Mélanie devant nous et elle commença à parler d'une voix faible et timide. Nous prêtions toute l'attention possible afin de ne rien laisser échapper, mais malgré notre bonne volonté, nous perdîmes plusieurs mots, tant elle était affaiblie et écrasée par la dure corvée qu'elle avait supportée la veille. Il me fut cependant aisé de comprendre qu'elle s'accordait parfaitement avec Maximin. Même sens, mêmes pauses, mêmes gestes, même ton. Elle raconta la première partie en français, mais la seconde fut dite en patois.

Lorsqu'elle eut fini de parler, j'engageai avec elle la conversation suivante :

— Ecoute, Mélanie, tout ce que tu viens de dire est-il bien vrai ?

— Oui.

— Est-ce que tu ne mens pas quand tu dis que tu as vu la Sainte Vierge ?

— *Je sais pas* si c'était la Sainte Vierge, mais je sais que nous avons vu une belle dame.

— Tu te trompes. Je vais te dire, moi, comment tout cela s'est passé.

Vous vous êtes endormis après avoir pris votre petit repas. Pendant que vous dormiez, vous avez rêvé tous les deux en même temps que vous voyiez une belle dame ; après vous être réveillés, vous vous êtes raconté votre songe et comme il était à peu près le même, vous êtes tombés d'accord pour dire que vous aviez vu quelque personnage extraordinaire sur la montagne.

— Non, ce n'est pas vrai ; nous ne l'avons pas rêvé.

— Es-tu bien sûre d'avoir été éveillée, lorsque tu as eu cette vision ; peut-être tu ne le sais pas bien.

— Je sais bien quand je dors ou quand je veille.

— Alors dis-moi : as-tu bien entendu parler cette dame, l'as-tu bien regardée et bien vue ?

— Oui.

— Sa voix était-elle forte ?

— Oui.

— Etait-elle en même temps douce et agréable ?

— Oui.

— Etait-elle comme celle des autres femmes ?

— Non, elle avait quelque chose de bien plus beau.

— As-tu prêté toute ton attention lorsqu'elle a passé de l'autre côté du ravin pour s'en aller ?

— Oui.

— L'as-tu suivie ?

— Oui.

— Comment marchait-elle ?

— Sur la cime de l'herbe.

— As-tu bien ouvert les yeux lorsqu'elle s'est élevée en l'air ?

— Oui.

— Mais comment a t-elle fait pour monter en haut ?

— Eh bien, elle s'est élevée de ça (Mélanie étend la main à la hauteur d'un mètre au-dessus du sol), et puis nous n'avons plus vu la tête, plus le corps, plus les pieds.

— Lorsqu'elle a eu disparu as-tu vu encore quelque chose ?

— Oui, j'ai vu une clarté.

— Ecoute bien ce que je vais te dire :

Quand ce personnage a eu fini son rôle, après qu'il s'est évanoui à vos yeux, est-ce que vous n'avez pas eu l'idée de courir tout de suite de l'autre côté de la crête, pour voir s'il ne se serait pas caché quelque part, ou s'il ne s'enfuyait pas par le chemin d'Ourcière?

— Non, ce n'était pas *nécessaire*.

Cette réponse produisit sur moi une profonde impression parce qu'elle me prouvait que les enfants avaient réellement vu le personnage monter dans les airs, sauf mensonge de leur part. Je poursuivis en disant :

— Je comprends parfaitement ce que tu veux dire ; oui, ce n'était pas nécessaire puisque vous l'aviez vu disparaître après qu'il avait quitté la terre. Mais enfin, n'avez-vous pas pensé que c'était qu'elle méchante sorcière qui voulait vous attraper ?

— Oh non !

— C'est peut-être la domestique de M. le curé qui vous a fait cette niche. Elle s'est habillée comme une grande dame, elle vous a surpris au moment où vous n'y pensiez pas et vous l'avez prise pour un être miraculeux et céleste.

— Eh bien! si c'est la domestique de M. le curé, dites-lui de le faire encore une fois, et vous verrez!.....

— Si ce n'est pas la domestique de M. le curé qui vous a trompés, alors ce sera quelque beau nuage blanc qui a pris la forme d'une figure humaine. Vous l'aurez suivi jusqu'à ce qu'il se soit dissipé.

— Eh bien! si c'est un nuage, faites-moi un peu parler un nuage, vous!.....

Mélanie était de mauvaise humeur en entendant mes objections; elle finit par me dire: « Vous ne croyez pas à la Sainte Vierge. » Je lui répondis: « Mais oui, je crois à la Sainte Vierge; seule-
» ment, je ne crois pas encore que vous l'ayez vue et qu'elle vous
» ait dit ce que tu as raconté. » Elle répliqua avec feu : « Croyez-
le ou ne le croyez pas, cela ne me fait rien. » En disant ces mots, elle se dressa comme pour s'en aller ; je la retins malgré elle en la

calmant par ces paroles: « Allons, eh bien oui, je crois maintenant
» que vous avez eu le bonheur de voir la Sainte Vierge, et qu'elle
» vous a parlé. Combien devez-vous vous estimer heureux ! Com-
» bien de personnes voudraient aussi la voir ! Demeure encore un
» peu et puis nous te laisserons aller. Est-il vrai que tu aies un
» secret ? »
— Oui.
— Sais-tu s'il est le même que celui de Maximin ?
— *Je sais pas moi.*
— Est-ce que tu ne l'as pas dit à M. le curé ?
— Non.
— Veux-tu me le dire ?
— Non.
— Est-ce que je ne le saurai jamais ?
— Vous le saurez ou vous ne le saurez pas.
— La Sainte Vierge, comment était-elle habillée ?
— Elle avait des souliers blancs avec des roses autour de ses
souliers ; il y en avait de toutes les couleurs ; des bas jaunes, un
tablier jaune, une robe blanche avec des perles partout, un fichu
blanc, des roses autour, un bonnet bien haut, une couronne
autour de son bonnet avec des roses ; elle avait une chaîne très-
petite qui tenait une croix avec son Christ ; à droite étaient des
tenailles, à gauche un marteau, aux extrémités de la croix. Une
grande chaîne tombait comme les roses autour de son fichu ; elle
avait la figure blanche, allongée ; je ne pouvais pas la voir bien
longtemps *pourquoi* qu'elle nous éblouissait.

Lorsqu'elle se fut arrêtée, je lui montrai l'image de la Sainte
Vierge que j'avais dans mon bréviaire, et je lui dis : « Regarde un
peu si la personne que tu as vue ressemblait à cette figure ? »

« Non, non, point du tout, » répondit-elle, et en même temps
elle était impatiente de sortir. Alors une des personnes qui se
trouvaient dans le salon, lui dit : « Avant de t'en aller, Mélanie,
» il faut que tu nous fasses un plaisir. Il y a ici une jeune demoi-
» selle que nous avons amenée pour la recommander à la protec-
» tion de la Sainte Vierge ; elle est presque muette, car elle ne peut
» prononcer que quelques mots ; sais-tu ce qu'il faut faire, il faut
» l'embrasser, afin que par ce moyen la Sainte Vierge la protége. »
Aussitôt que Mélanie eut entendu ces paroles, elle fit un geste de
refus et se mit en mesure de sortir. Nous la priâmes de rester et
nous la conjurâmes au nom de la charité de faire ce qu'on lui de-

mandait. La jeune demoiselle qui souhaitait ardemment d'être guérie, s'élança sur elle pour l'étreindre dans ses bras, mais la jeune bergère la repoussa vivement. Elle s'obstina dans son refus, demeura inflexible malgré nos pressantes sollicitations et se mit à pleurer en disant: « Non, non! je ne veux pas; je n'embrasse personne!...... » Sa candeur, son innocence et sa délicatesse avaient trop bien révélé son mérite pour que nous dussions la molester plus longtemps. Nous lui accordâmes enfin la permission de se retirer et en un instant, elle disparut en fermant la porte sur elle.

M. l'abbé Bez en fait le portrait en ces termes:

« La jeune bergère Françoise-Mélanie Matthieu est née à Corps,
» le 7 septembre 1831, de parents très-pauvres; une de ses sœurs,
» âgée de huit à neuf ans, mendie encore son pain auprès des étran-
» gers qui passent à travers le village de Corps. Dès l'âge de sept
» ans, Mélanie fut placée par ses parents chez des maîtres pour
» gagner sa pauvre vie, en conduisant les moutons au pâturage.
» On nous a assuré qu'avant le 19 septembre 1846, elle n'était
» venue que deux fois aux offices de la paroisse: aussi n'avait-
» elle qu'une bien faible connaissance de la religion; sa mémoire
» ingrate et pénible ne pouvait pas même retenir deux lignes de
» catéchisme. Depuis l'apparition du 19 septembre, elle a été placée,
» comme son compagnon Maximin, chez les bonnes religieuses
» institutrices de la paroisse, en qualité de pensionnaire. Elle n'est
» ni forte, ni grande pour son âge; sa figure est douce, agréable,
» sans être jolie; elle s'exprime difficilement en français, et vou-
» drait toujours parler le patois de son pays; cependant elle se
» rend facilement aux désirs de ceux qui la prient de parler en
» français; elle le fait avec complaisance, en termes convenables et
» quelquefois pleins d'énergie. On remarque surtout dans son
» maintien, dans la pose de sa tête, dans ses regards, une grande
» modestie pendant la conversation; elle n'est ni embarrassée, ni
» gênée avec les étrangers. »

Lorsque Mélanie se fut retirée, nous prîmes congé de Mme la supérieure et nous sortîmes après avoir rencontré, à la porte de la cuisine, le jeune Maximin qui faisait son récit à un pauvre mendiant ravi de l'entendre, et lui donnait en finissant un *petit sou* en signe d'amitié.

Après avoir vu et entendu les deux bergers, j'étais bien aise d'interroger une femme qui, dit-on, a été guérie d'une manière miraculeuse. Les personnes qui étaient avec moi éprouvèrent le même désir et bientôt, grâce aux indications qui nous furent données, nous pûmes entrer dans la maison de Laurent François, boulanger, domicilié à Corps. A ma prière, Laurent et son épouse Marie Gaillard ne firent aucune difficulté de raconter les diverses phases d'une maladie qui, après les avoir si longtemps affligés, avait été suivie d'une guérison inattendue. Je rapporterai ici ce que j'ai appris de la bouche même de ces bonnes gens dont la simplicité et la foi vive sont au-dessus de tout éloge.

Laurent François, né à Corps, et Marie Gaillard, né dans la commune du Monétier d'Ambel (canton de Corps), se marièrent en 1824, le 19 du mois de mai. Dans le courant de la même année, au mois de juillet, des douleurs rhumatismales s'emparèrent de la femme Laurent. Elles étaient si aiguës qu'elles la clouèrent sur son lit, pendant plus de deux ans. Elle avait tous les membres perclus, en sorte qu'elle ne pouvait exécuter le moindre mouvement; elle ne pouvait ni desserrer les mâchoires ni remuer les mains pour se moucher. Au bout de ce temps, une certaine amélioration qui survint dans son état, lui permit de rester levée; mais malheureusement pour elle, le jour de tous les Saints, année 1829, tandis qu'elle était seule dans sa chambre, ayant voulu se courber pour ramasser quelque chose qui était auprès de sa chaise, elle fit une lourde chute et se déboîta la hanche droite. Ce n'est pas tout, quelques années plus tard, désirant satisfaire sa piété, elle se dirigea du côté de l'Église avec le secours de ses deux béquilles; mais un ruisseau qui coule non loin de sa maison, fut pour elle l'occasion d'une nouvelle chute. N'ayant pas la force suffisante pour retenir le bâton qui glissait sur un terrain fangeux, elle trébucha et s'étendit de tout son long au milieu d'une eau sale et bourbeuse. Sa position déjà si triste n'en fut que plus aggravée. Ramenée chez elle, elle passa son temps à souffrir, gémir et pleurer. Son mari et toute la famille, pour qui elle était un objet permanent de peines et de chagrins, n'en continuèrent pas moins de lui prodiguer tous leurs soins. Remèdes, consultes, médicaments de toute espèce, rien ne fut épargné. Malgré ces mille moyens divers, son état n'en fut nullement amélioré. C'étaient toujours les mêmes infirmités, la même impuissance de vaquer aux affaires du ménage, les mêmes tortures. Ce qui l'affligeait le plus, c'était de voir et de comprendre combien on souffrait pour elle, combien elle était à charge à tous ceux qui l'entouraient, combien les dépenses occasionnées par sa maladie étaient en disproportion avec les ressources dont elle pouvait disposer. Cependant elle ne s'abandonnait point au désespoir. Son courage et sa résignation étaient au-dessus de ses maux et devaient lui attirer du ciel une faveur signalée. Pendant qu'elle poursuivait sa misérable existence, le bruit d'un prodige nouveau se répand partout ; le jeune Maximin dont la maison est très-rapprochée de la sienne, s'empresse de venir auprès de la malade raconter lui-même, à plusieurs reprises, ce dont il a été témoin ; dès lors Marie Laurent commence à concevoir l'espérance d'obtenir sa guérison. Elle prie avec plus de ferveur qu'à l'ordinaire, son cœur s'anime et s'échauffe ; pendant plusieurs jours elle veut boire de l'eau de la fontaine sacrée ; trois fois elle en fait la soupe, avec un peu de sel seulement, voulant ajouter la mortification volontaire à celle qui lui est imposée ; enfin elle se recommande vivement aux prières de la confrérie des pénitents qui devait aller bientôt sur la montagne. Le 17 novembre, un mois après l'apparition, ceux-ci se réunissent et se dirigent vers la Salette pour déposer aux pieds de Marie leurs hommages et leurs respects. Pendant le pèlerinage, Laurent reste dans sa maison, soit pour garder sa femme, soit pour vaquer à ses affaires. Déjà, depuis la veille, la malade se sentant inspirée par une confiance qu'elle n'avait pas encore éprouvée, avait adressé avec effusion de larmes cette touchante prière à la Sainte Vierge : « *Ma bonne mère, vous faisiez tant de miracles !... si vous en faisiez encore un pour m'ôter mes béquilles !....* » Ces paroles qui respirent une aimable simplicité et un profond sentiment de religion ne furent pas prononcées en vain. Le lendemain, pendant que les habitants de Corps étaient occupés à chanter les louanges de Marie, l'épouse Laurent était assise comme à son ordinaire dans sa chambre à coucher. Ayant éprouvé subitement une révolution intérieure, elle appelle son mari qui pétrissait du pain dans une pièce attenante à la sienne, et lui dit : « *François, viens ici !* » « Que veux-tu ? lui répond celui-ci, veux-tu te dresser ? Va, je suis à toi, j'arrange un peu de pain et puis je vais y aller. » « Ce n'est pas ça, reprit la malade, ô mon Dieu !..... Je me sens prendre courage. » En prononçant ces paroles, elle se présente sur le seuil de sa chambre et arrive, sans aucun secours étranger, devant son mari stupéfait de la voir se tenir debout. Une joie inattendue et inexprimable les tient muets et comme interdits. Bientôt ils pleurent de reconnaissance et de tendresse, sans oser croire à un prodige qui est évident pour chacun d'eux. Enfin Marie

Laurent parle de se rendre à l'Église, afin d'y porter sur le champ l'expression de sa vive reconnaissance ; se défiant cependant encore d'elle-même, elle se contente de dire : « Si quelqu'un me soutenait » sous les bras, je pourrais peut-être m'acheminer jusqu'à l'Église » « Va, ma femme, lui répondit le boulanger, ne te forces pas au- » jourd'hui ; puisque la Sainte Vierge veut opérer sur toi, elle te » donnera encore plus de forces et tu n'auras pas besoin de per- » sonne. Tu pourras y aller toute seule ; aies toujours ta bonne » confiance. » Toute la famille, instruite de cette guérison inespérée, partagea les joies et l'allégresse des deux époux. Bientôt le bruit de cet évènement se répandit dans le village et y causa une vive sensation. Pour exprimer en quelque sorte publiquement leur reconnaissance, François Laurent et Joseph Laurent son frère, composèrent une complainte sur l'évènement de la Salette et formèrent le projet d'aller en procession avec les habitants de Corps sur la montagne vénérée. Le 27 novembre, 2,000 personnes entreprirent de faire le pèlerinage projeté, au milieu de la neige qui tombait à gros flocons et à travers des sentiers impraticables ; arrivées au lieu de l'apparition, après beaucoup d'efforts, elles chantèrent avec enthousiasme l'office de la Sainte Vierge, et descendirent quand l'objet de leur voyage eut été rempli. Mais quel ne fut pas leur étonnement, lorsque en entrant dans le village de Corps, Marie Laurent se présenta tout à coup, marchant sans appui et sans secours ? S'étant placée entre Maximin et Mélanie qui marchaient à la tête de la procession, elle fit avec eux le tour du pays et se rendit ensuite à l'Église où se concentra toute la population transportée d'une joie frénétique. Chacun se demandait par quel effet merveilleux, cette pauvre femme qui portait les béquilles depuis 15 ans, et qui en avait passé 23 dans les souffrances les plus aiguës, se tenait maintenant sur son séant et avait recouvré l'usage de ses membres. Tous voulaient la voir, l'interroger, la féliciter, et, dès ce jour, les étrangers comme les habitants du village n'ont cessé d'assiéger sa demeure. J'ai vu moi-même la pauvre femme ravie d'admiration et pleurant de joie au moment où elle me racontait sa guérison. Elle avait le visage enflammé, les yeux modestement baissés et la poitrine haletante. Je considérai ses mains qui portent les marques de longues et cruelles douleurs. Les jointures en sont surmontées des nœuds durs qui ont dévié la direction naturelle qui appartient aux doigts. Elle m'assura que son état était incomparablement préférable à celui par où elle avait passé, et me dit que les traces de ses anciennes douleurs allaient toujours en s'effaçant. Elle pouvait d'ailleurs vaquer sans trop de peine aux mille petits soins du ménage.

Je la priai de me donner sa signature comme une garantie de la fidélité des faits précédents; elle le fit avec un grand plaisir. Son mari ne fit non plus aucune difficulté de me donner son attestation par écrit. Il répéta à diverses reprises que ce qu'il avait dit était d'une exactitude scrupuleuse, et que ni les tribunaux ni la guillotine ne le feraient jamais changer de langage.

Bien que cette guérison n'ait pas été complète, je demeurai convaincu qu'elle portait les signes manifestes d'une protection surnaturelle.

J'ai dit que pour manifester publiquement leur reconnaissance, Laurent et son frère avaient composé une complainte. C'est la première de toutes celles qui ont paru depuis. Elle est comme le témoignage sensible de leur croyance à l'apparition de la Sainte Vierge, apparition suffisamment confirmée à leurs yeux par le rétablissement de Marie Gaillard, leur proche parente. Cette complainte n'est écrite ni en beaux vers, ni en style très-pur; ce n'est pas à de pauvres boulangers qu'il appartenait de mettre au jour un cantique à rimes harmonieuses et à tournures élégantes. Mais cette pièce, si blâmable qu'elle soit sous le rapport littéraire, prouve très-bien et beaucoup mieux que ne l'eût fait une composition savante, qu'il n'y a point eu fourberie de la part de leurs auteurs, soit qu'ils publient le fait de la Salette, soit qu'ils attestent une guérison dont ils ont été les premiers témoins. S'ils avaient voulu tromper, s'ils avaient formé le projet d'avancer et de soutenir des allégations fausses, ils auraient sans doute prié quelqu'un plus habile qu'eux, de fabriquer une pièce qui pût mieux supporter le coup-d'œil scrutateur du critique. Donc, s'ils ont livré sans méfiance comme sans crainte leur œuvre au public, c'est qu'ils croyaient la vérité de leur côté, bien qu'ils n'eussent pas le talent de l'exposer. Animés par des intentions aussi droites que louables; ils ont, suivant la mesure de leurs forces, manifesté leurs pieux sentiments et leur enthousiasme justement motivé. Et, s'il en est ainsi, pourquoi fallait-il qu'une lettre insultante datée de Gap 5 avril 1847 et adressée aux auteurs de la complainte, vînt faire peser sur eux une humiliation qu'ils n'avaient point méritée?

En sortant de la maison de Marie Gaillard, je me rendis au café de l'Isère, tenu par le sieur Magnan, aubergiste. Voici le fait qui s'était passé antérieurement dans ce lieu et dont je venais chercher l'assurance.

Le 15 octobre 1846, deux lieutenants du 15me de ligne, conduisant de jeunes conscrits, traversèrent Corps et s'arrêtèrent au café de l'Isère. Ayant entendu parler de l'évènement de la Salette, ils voulurent interroger les deux enfants. Il était environ 8 heures du soir. Maximin dont la maison touche pour ainsi dire celle de l'aubergiste et qui, dès son plus bas âge, fréquentait la famille Magnan, fut seul amené. Les officiers et les soldats étaient à table. Un des deux lieutenants fit placer Maximin entre ses genoux et l'interrogea longuement. Ses réponses simples et naïves excitèrent la risée de la plupart des jeunes soldats et notamment celles d'un sergent et d'un caporal qui pouffaient de rire en entendant débiter tant de ridicules sornettes. Lorsque les questions eurent été épuisées, l'officier demanda s'il serait possible d'avoir un morceau de la pierre sur laquelle le mystérieux personnage s'était assis. Maximin alla de suite à sa maison en chercher un fragment qu'il avait conservé et le présenta à son interlocuteur avec un religieux respect. Cette pierre, de la nature de celles que l'on désigne sous le nom d'ardoise, n'offrait pas grande difficulté à celui qui aurait voulu la casser. Par hazard, la femme Magnan s'était placée derrière l'officier et tenait la tête inclinée entre l'épaule gauche de celui-ci et l'épaule droite de son mari. Pendant que le lieutenant tournait et retournait la pierre entre ses doigts, la femme de l'aubergiste lui en demanda un morceau et lui offrit une baguette en fer pour qu'il pût la casser aisément. Celui-ci prend la baguette, pose la pierre dans le sens horizontal, et d'un seul coup la partage en deux parties à peu près égales. Mais ô surprise! sur un des fragments une figure extraordinaire se montre parfaitement dessinée. D'abord ni l'officier ni la femme Magnan n'osèrent dire ce qui attirait leurs regards, puis une légère altercation s'éleva entr'eux. — Je veux celui-ci, dit la femme Magnan, en montrant du doigt le morceau sur lequel était gravé le portrait. — Je le veux aussi moi, répondit l'officier. Cependant ni l'un ni l'autre ne faisaient connaître le motif de cette singulière préférence. Alors le lieutenant élevant la voix, dit avec impatience: Pourquoi voulez-vous le morceau que je ne veux pas vous donner? — Parce que j'y vois une figure, répondit la femme de l'aubergiste. — Eh bien! je la vois aussi, dit l'officier, et c'est précisément la cause de mon refus. Au nom de portrait trouvé sur une pierre, tous les assistants, au nombre de trente, s'empressèrent autour de l'officier qui ne voulut pas se dessaisir de son précieux trésor. La stupéfaction régnait sur tous les visages et en particulier sur la physionomie des plus intrépides rieurs. Tous purent voir et contempler à loisir le phénomène remarquable qui les avait étrangement surpris. Le portrait dont il s'agit consistait dans une face de tête très-régulière et très-significative. Elle avait la barbe longue, une couronne sur le front semblable au nimbe qu'on voit quelquefois sur les antiques figures de Saints ou sur les vitraux des vieilles cathédrales, un visage allongé et amaigri, de beaux yeux tristes et irrités, ce qui fit dire à Maximin : « Voyez » ses grands yeux qui nous menacent !... » enfin un nez et une bouche bien caractérisés. Un savant archéologue a reconnu que le type de cette figure convenait si naturellement à un modèle ancien qu'un artiste ordinaire et moderne n'aurait pu le retrouver sous son crayon.

Comme l'officier voulut obstinément emporter la pierre sur laquelle était tracée la figure, on le pria d'en tirer le dessin et de le laisser comme souvenir au maître du café. Il s'y prêta volontiers. Ayant détaché une feuille de son calepin, il calqua le portrait et apposa la signature suivante, dont je ne puis rapporter que les initiales : *M. A..... lieutenant au 15me de ligne.* Son exemple fut imité par son compagnon qui écrivit : *M. B..... même grade, même régiment.* Par dessous, il ajouta ces mots : *présents tous deux lorsqu'on a cassé la pierre qui représente la figure que voici dessinée.*

Ces attestations m'ont été montrées sur la feuille de papier laissée par le lieutenant.

Pour avoir un plus haut degré de certitude sur la fidélité du récit qui m'avait été fait, j'exigeai la signature de l'aubergiste, de son épouse et de sa fille, témoins oculaires du fait. Quand ils me l'eurent donnée, je fis observer au cafetier qu'il restait une difficulté à résoudre : c'est que, d'après le bruit public, l'officier auquel il avait donné l'hospitalité, niait formellement avoir jamais été possesseur d'une telle pierre ; il s'impatientait quand on le questionnait là-dessus et ne voulait plus en entendre parler. Il me répondit que le lieutenant avait donné sa signature comme une attestation irrécusable, que ce témoignage ne pouvait être détruit par ses dénégations, que, du reste, ce n'était qu'en dernier lieu qu'il avait nié l'évènement, sans doute pour se mettre à couvert des sanglantes railleries dont ses compagnons l'accablaient et pour se soustraire aux visiteurs importuns.

Il paraît en conséquence que le fait précédent est authentique. Je ne veux en déduire aucune conclusion ni pour ni contre l'apparition de la Salette, attendu que chaque lecteur est assez éclairé par les détails qu'il vient de parcourir pour pouvoir formuler son jugement. Je me contenterai de montrer ici la face de cette tête telle qu'elle a été dessinée par l'officier lui-même et telle qu'il l'a laissée pour toute consolation à la femme Magnan.

Avant de quitter le café, j'étais bien aise de parler au père de Maximin. C'est pourquoi je le fis appeler et il se présenta aussitôt. Il exerce le métier de charron. Comme les gens de sa profession, il est quelque peu dur et brusque; mais, d'ailleurs franc et loyal. Je l'interrogeai pour savoir comment s'étaient passées les circonstances extraordinaires qui concernaient son propre fils. Il me répondit que quant à l'apparition de la Sainte Vierge, il ne savait pas si son fils disait la vérité, mais que tout ce qu'on rapportait de lui différemment, était certain. Quatre jours avant le 19 septembre 1846, Pierre Selme du hameau des Ablandens, ayant son berger malade, lui avait demandé son petit pour garder les troupeaux et il le lui avait accordé en effet. Maximin ne connaissait presque pas Mélanie qui était plus âgée et qui passait la plus grande partie du temps hors du village. Il l'avait rencontrée par hazard sur la montagne la veille de l'apparition et n'avait pu certainement se concerter avec elle, dans l'espace de quelques heures. Dès les premiers jours de la semaine qui suivit l'évènement, il était venu le raconter à son père qui l'avait fort mal accueilli, en lui disant

avec colère : « Quelle est cette sorcière, cette coquine, cette.....
» qui t'a débité de pareilles bêtises?..... Où l'as-tu vue?.....
» Où l'as-tu trouvée?..... Où est-elle celle qui t'a indignement
» trompé?..... La vieille guenon!..... Ou, peut-être, c'est
» toi qui as tout inventé, petit menteur, petit bavard!..... prends
» garde de répéter toutes ces sottises qui m'exposent au mépris
» de tout le monde!..... Oui, prends bien garde, parce que
» je saurais te corriger!..... » Malgré les menaces et la violente opposition de son père, Maximin avait persisté à soutenir qu'il avait bien vu une grande dame et souvent il avait ajouté ces mots : « Mon père, vous avez beau faire, si vous n'y croyez pas
» maintenant, vous y croirez un jour. » Les railleries, les dérisions les plus amères, les emportements les plus outrés, la punition *au pain et à l'eau*, les coups, la prison, rien n'avait pu ébranler sa fermeté. Il revenait toujours à la charge et rapportait sans cesse la même histoire. A la fin, il avait été impossible de ne pas se laisser subjuguer par son étonnante opiniâtreté, d'autant mieux qu'il était doué d'un caractère simple, naïf, et incapable de soutenir obstinément un mensonge. Son éducation avait été négligée, mais il avait un esprit ouvert et susceptible d'être cultivé. La langue qu'il parlait le plus volontiers, c'était le patois qui est en usage dans le pays ; cependant, les longues heures de loisir qu'il avait passées dans le café Magnan, au milieu des jeux de l'enfance, l'avaient mis à même de comprendre et d'énoncer un grand nombre de mots français.

Satisfait de ces explications, je me retirai à l'hôtel après avoir entendu dans le même jour le rapport des deux jeunes bergers, de Mme la supérieure des sœurs institutrices, de la femme Laurent, du cafetier de l'Isère, et du père de Maximin. Je fus frappé de l'accord unanime qui régnait dans leurs paroles. Aussi ma conviction personnelle en fut-elle puissamment fortifiée. Il me sembla que le mensonge, l'astuce, la fourberie, le complot infernal d'exploiter les idées religieuses au profit de la bourse, ne se révélaient pas de tant de candeur, de tant de bonhomie, de tant d'assurance et n'auraient pu trouver le secret de tisser avec tant d'art une fable éclose dans un cerveau. Je ne pensai pas qu'une si complète harmonie d'idées et de sentiments, que des dépositions si bien soutenues et émanées de personnes d'un caractère opposé, pussent s'expliquer autrement que par la réalité du fait.

Dans la matinée du mardi, 21 septembre, je me transportai

chez les parents de Mélanie qui habitent une pauvre maison située non loin du couvent. Je pénétrai dans une grande chambre déguenillée où étaient réunis le père, la mère et quelques petits enfants. Après les avoir salués et après avoir félicité la pauvre mère de la faveur que la Sainte Vierge avait accordée à sa fille, je lui manifestai le désir de connaître quelques-uns des détails les plus intimes qui se rattachaient à l'histoire de Mélanie. Elle prit aussitôt la parole et me donna à peu près les informations suivantes :

« Vivants dans une condition misérable, la nécessité les avait
» forcés à placer leur enfant chez différents maîtres, depuis l'âge
» de sept ans ; à l'époque de l'apparition, elle était chez le sieur
» Baptiste Pra, dans le hameau des Ablandens, à l'exception des
» trois mois les plus rigoureux de l'année, décembre, janvier,
» février, elle avait toujours vécu hors de la maison et hors du
» village où elle était peu connue ; après l'évènement arrivé à la
» Salette, elle s'était empressée de quitter les Ablandens pour venir
» leur raconter avec grande abondance de larmes le prodige qui
» l'avait tant frappée ; son père, parti pour le Dévoluy 15 jours
» avant, avait été le dernier du village à apprendre la grande nou-
» velle ; peu crédule de son naturel et scieur de long de son mé-
» tier, il avait accueilli les propos de Mélanie avec un mépris qui
» s'était changé bientôt en indignation ; ils avaient usé de tous les
» moyens pour persuader à Mélanie qu'elle était victime d'un fol
» entêtement, mais les persécutions les plus acharnées, les châ-
» timents, les insultes, les sarcasmes n'avaient amené aucun ré-
» sultat, si ce n'est celui de la rendre plus ferme et plus inébran-
» lable ; elle avait toujours montré un cœur bon, doux, sensible,
» timide, patient et ennemi du déguisement, elle avait en revanche
» la tête fort dure et, tandis que ses frères et sœurs apprenaient
» fort bien leur catéchisme, elle ne pouvait retenir les notions
» élémentaires de la doctrine chrétienne ; elle était parvenue ce-
» pendant à réciter en français le *Notre père, qui êtes aux cieux…*
» sans comprendre d'une manière bien claire ce que signifiaient ces
» mots : *Notre père…* Enfin, elle lui avait raconté qu'après l'évè-
» nement de la Salette, passant un soir auprès de la chapelle de
» St. Sébastien, elle avait vu bien distinctement et sans frayeur
» l'intérieur de l'édifice illuminé par une brillante clarté et que
» cette même lumière avait accompagné ses pas jusqu'à la demeure
» de son maître. »

Quand elle eut cessé de parler, je lui adressai cette question :

« Comment se fait-il que votre fille ne comprit pas la langue fran-
» çaise, puisque, d'après ce que je vois, vous la parlez vous-
» même assez bien ; on dit ordinairement que les enfants savent
» parler la langue de leurs parents. » Elle répondit à cela que Mélanie comprenait certainement quelques mots français lorsque la Sainte Vierge lui a parlé et qu'elle aurait pu, en fréquentant la maison paternelle, en savoir davantage, mais elle en avait été empêchée en demeurant la plus grande partie de l'année chez des ménagers où l'on ne se sert habituellement que du patois.

J'avais obtenu à peu près tous les renseignements que je pouvais attendre des parents de Mélanie. Je me retirai content d'avoir reçu leur déposition qui n'avait contredit en rien celles que j'avais recueillies la veille.

Après être sorti, je me disposai à faire une troisième fois le voyage de la Salette, et bientôt je me mis en chemin. En passant au hameau principal dans lequel se trouve la commune, j'eus occasion de parler à M. le Maire qui m'énuméra tous les moyens qu'il avait mis en œuvre pour arrêter les discours étranges des deux jeunes bergers. Il les avait tour à tour menacés, priés, intimidés. Pour tenter leur cupidité, il avait étalé devant leurs yeux plusieurs pièces de cinq francs, mais cette ruse avait complètement échoué. Il avait aposté des gendarmes pour les faire saisir à l'improviste ; on leur avait passé la chaîne au cou pour les effrayer ; malgré cela, ils étaient demeurés inébranlables. Procès-verbal de leur déposition avait été dressé et en confrontant leurs discours actuels avec ce qu'ils avaient dit d'abord, on reconnaissait sans peine qu'ils avaient persévéré dans leurs affirmations.

Je quittai le hameau après avoir entendu M. le maire, et je m'acheminai vers la montagne qui me renvoyait l'éclat d'un magnifique soleil. J'atteignis au sommet dans le courant de l'après-midi. Une nouvelle procession partie de Corps dans la matinée et composée de la plupart des personnes que l'affluence des étrangers avait privées de toute participation à la fête, formait çà et là divers groupes. Quelque nombreuse qu'elle fût, on se persuadera aisément qu'elle ne représentait pas la masse imposante qui, deux jours auparavant, s'étendait sur le plateau et remplissait la gorge. Elle ne tarda pas à retourner, et il ne resta qu'un certain nombre d'étrangers avec moi. Je pus, pour cette fois, circuler en toute liberté, visiter tous les lieux en détail, étudier les diverses positions, sans être gêné par la foule.

Je me transportai en arrivant vers la célèbre fontaine où je m'abreuvai plusieurs fois avec délices. Je me convainquis que la source du *Sezia* est extrêmement douce, fraîche, limpide et légère. Elle produit naturellement un bien être inexprimable, un calme profond et général, une sorte de quiétude ravissante, par où je ne prétends nullement infirmer les effets surnaturels qu'elle peut avoir produits. Elle a une propriété remarquable. Sa fraîcheur, si grande qu'elle soit, ne suspend point la circulation du sang et ne le glace point, alors même qu'il est dangereux de satisfaire sa soif. Parmi tant de personnes qui en ont usé, comme je l'ai fait moi-même, dans un état de sueur ruisselante, on ne cite pas un seul cas où cette imprudence ait été suivie de fâcheux accidents. Les habitants de Corps qui, en pareille circonstance, n'osent pas approcher de leurs lèvres les froides eaux de leur village, parce qu'une longue expérience leur en a démontré les suites funestes, ne font cependant aucune difficulté de s'abreuver à la fontaine du *Sezia*, bien qu'ils soient encore tout haletants de fatigue et de chaleur. Quand on veut juger de la limpidité et de la pureté de cette eau de source, il faut la mettre dans un vase en cristal et la considérer à travers les rayons solaires. Rien n'est plus beau à voir que l'éclat qu'elle projette. La fontaine sort de dessous un banc épais d'ardoises, et ne donne, tout au plus, qu'un demi-pouce d'eau. Les habitants du pays affirment unanimement que jusqu'à l'époque de l'apparition, elle était sèche et aride durant tout l'été. Elle ne coulait que par intervalles, au moment où les grandes pluies et la fonte des neiges venaient l'alimenter. Actuellement, elle filtre sans interruption depuis plus d'une année, malgré la sécheresse qui a eu lieu. La confiance qu'inspire ses effets est telle que l'on accourt de très-loin pour se laver, se purifier, se guérir. On a vu des estropiés, des malades, des infirmes, monter à petits pas, gravir peu à peu les sommets escarpés de la Salette, souffrir cruellement pendant les journées entières, se faire traîner quand ils ne pouvaient plus avancer, pour avoir la consolation de jeter un peu d'eau sur leurs membres brisés par la douleur. Généralement tous les voyageurs en font provision sur les lieux mêmes, soit dans des flacons, soit dans des cantines en fer blanc qui contiennent jusqu'à 6, 8, 10 litres. Comme tout le monde n'est pas en position de pouvoir faire le voyage de la Salette, on en expédie partout des barriques ou de grandes caisses. Il est vrai que la melveillance et le charlatanisme qui ont l'adresse de se mêler partout, ont plus d'une fois abusé de la confiance de certaines gens et les ont exposés au ridicule en leur octroyant, pour de l'argent, des eaux de Corps comme eaux de la Salette, mais ce ne sont ni les prêtres, ni les religieuses, ni les bons catholiques qui se sont livrés à ce genre honteux d'industrie ; ce commerce criminel a été fait par des hommes d'intérêt et de calcul qui, ayant perdu la foi et la moralité, ont tâché d'exploiter à leur profit et de dénigrer aux yeux du public une pieuse croyance. Néanmoins, en dépit de leurs efforts, le mouvement populaire n'a pas été arrêté. Les 50,000 pèlerins du 19 septembre ne se sont point laissés surprendre par les faux bruits répandus pour les effrayer et pour les décourager. Ils ont marché en avant, foulant aux pieds de vains fantômes.

L'endroit où coule actuellement la fontaine, n'était pas celui où la source jaillissait originairement. Comme on voulait rassembler les précieux filets d'eau qui s'échappaient dans les entrailles de la terre, on a creusé un petit lit où ils viennent se réunir et on l'a soigneusement recouvert. Aussi, la première des 14 croix dont se composent les différentes stations, est-elle plantée un peu au-dessus du torrent, sur le lieu où la Sainte Vierge était assise. La seconde qui est située à quatre pas de la précédente, du même côté du ravin, occupe, d'après ce que disent les enfants qui l'ont eux-mêmes plantée, la position tenue par le personnage, pendant qu'il leur a parlé. Cette croix est à raison de la circonstance dont je viens de parler, l'objet d'un culte plus profond que la première. On la voit couverte de chapelets, de rubans, de fleurs entrelacées, d'images, de livres, et enfin de trois ou quatre béquilles. En outre, elle soutient une petite niche dans laquelle Mélanie a placé une statue grossièrement habillée à la vérité, mais imitant, autant que possible, par l'identité du costume, la dame qu'elle a vue. Qu'il est touchant et naïf ce symbole où reluit un hommage sincère rendu à la réalité du fait !...

Les autres croix plantées sur la rive gauche se développent à des distances égales sur un plan brusquement incliné. Elles jalonnent pour ainsi dire par leurs contours, le chemin qu'a suivi le personnage inconnu.

La XIVme, c'est-à-dire, la dernière du chemin de la croix, n'atteint pas tout à fait la crête du plateau. Elle porte un tronc soigneusement fermé dans lequel chacun dépose les dons que lui inspire sa piété. Plus d'une fois, on a vu des femmes y jeter leurs bagues et leurs pendants d'oreilles. Quoique placée à l'extrémité du côté du Sud, elle n'indique cependant pas le lieu précis où la Sainte Vierge s'est élevée en l'air, en présence des deux bergers, et a fini par s'évanouir. Cet endroit que Mélanie eut soin de noter exactement en y enfonçant son bâton de bergère, est marqué par une petite croix qui s'élève presque au pied de la précédente. Comme celle qui est située auprès de la fontaine, elle est chargée de médailles, de chapelets, de couronnes de fleurs, d'images, de scapulaires, de béquilles et s'appelle *Croix de l'Assomption*, parce que c'est de là que le personnage se serait élevé en l'air. Je remarquai que parmi toutes les croix, il n'y en avait pas une d'intacte. On les avait coupées selon la direction des arêtes, soit en travers, soit du haut en bas. Deux principalement, la seconde et l'avant-dernière qui rappellent des souvenirs plus précieux, avaient été terriblement endommagées. Elles ne tenaient presque plus sur leur base.

En suivant le chemin de la croix dans toute son étendue, j'ai compté une soixantaine de pas, tandis que la distance géométrique qui sépare la première croix de la dernière n'est que la moitié de ce trajet et moins encore. Il suit de là que les jeunes enfants ont pu faire à la suite du personnage inconnu au moins 25 pas, s'il est monté directement du fond du ravin vers la crête du plateau, et environ cinquante-cinq, s'il a suivi le sentier tortueux et gazonné qui devait exister déjà au moment de l'apparition.

Quand on embrasse du regard l'ensemble de ce lieu, on est réellement surpris de n'y voir aucune plante, aucune fleur, aucune fourrée bocagère, aucun arbre, pas une pierre hors du torrent, pas une muraille, pas une habitation, en un mot, pas un seul objet qui puisse par son ombre ou par ses formes capricieuses causer la moindre hallucination. Tout est simple, facile à saisir, tout est à découvert, sans complication, sans mystères. Il n'y a donc rien dans la nature et dans l'état du terrain qui ait pu induire en erreur des enfants qui ont la vue perçante et exercée.

Pendant que je me livrais à ces investigations, j'aperçus au pied de la croix qui est plantée au-dessus de la source, un homme portant moustaches. Il était à genoux au milieu d'un groupe d'autres hommes et chantait d'une voix mâle : *Suivons sur la montagne sainte, notre Sauveur sanglant, défiguré.....* Puis avec un ton ferme et bien accentué, il lisait les prières d'un petit livre qu'il tenait dans les mains. On eût dit un prêtre faisant le chemin de la croix, au milieu de ses paroissiens. Comme ce spectacle m'étonnait, je priai les personnes qui étaient auprès de moi, de me donner quelques éclaircissements. Elles me répondirent que celui qui présidait au chemin de la croix, était un militaire plein de ferveur et de reconnaissance à cause d'une grâce signalée dont il croyait avoir été l'objet. Étant tombé malade dans un hôpital par suite d'une tumeur considérable qui s'était formée à une jambe, le médecin, après avoir tenté inutilement tous les remèdes, lui avait signifié la nécessité où il était de supporter l'amputation. Celui-ci ne pouvait se résigner à l'emploi de ce moyen extrême, et d'autre part, ayant entendu parler du miracle de la Salette, il prit la résolution de se faire transporter jusqu'auprès de la source merveilleuse. Depuis plusieurs semaines, il avait baigné chaque jour la partie malade avec de l'eau de la source miraculeuse, et il en était résulté pour lui une guérison complète. C'est pourquoi, il était si pénétré de respect et si rempli d'enthousiasme.

J'ai dit tantôt que, hors le torrent, il n'y avait pas une seule pierre. On entend bien que je n'ai voulu désigner par là que le périmètre dans lequel a eu lieu l'événement, car à l'extrémité du plateau, à l'Est de la chapelle, s'élève un mamelon sur lequel il n'est pas difficile de rencontrer des cailloux. C'est dans cet endroit que M. Jules Guédy a trouvé la pierre curieuse dont j'ai donné la description plus haut. Dans l'espoir que j'avais de trouver aussi quelque dessin remarquable, je me livrai à une assez longue exploration. Mais je fus moins heureux que l'artiste grenoblois. Je ne pus venir à bout de rencontrer un seul échantillon remarquable. J'emportai cependant plusieurs pierres ferrugineuses, couvertes de taches blanches, ce qui confirme à mes yeux la vérité du récit fait par M. Guédy.

Il me restait encore à examiner la chapelle en planches récemment construite. Je la trouvai tout à fait simple. Elle est d'ailleurs peu spacieuse et n'offre aucune particularité remarquable.

Avant de retourner, j'invoquai Marie, je jetai un dernier coup-d'œil, puis je quittai la montagne, non sans regret. Comment ne pas s'arracher péniblement de ces lieux où l'on ressent comme un suave parfum du miracle ; où une impression supérieure commande le calme et la paix de l'âme ? On y éprouve comme l'impression et le contre-coup de la présence d'un être plein de charmes qui, en passant, y a répandu un baume céleste. D'ailleurs, la solitude pittoresque au sein de laquelle on vit, l'air pur et raréfié qu'on aspire, le site agreste et majestueux qui saisit les regards, exercent sur les sentiments une singulière influence. L'homme est étonné de s'y trouver différent de lui-même.

Après avoir parcouru la longue pente du Mont *Sous-les-baisses*, je m'arrêtai au hameau des Ablandens. J'avais à interroger séparément Pierre Selme, maître de Maximin, et Baptiste Pra, maître de Mélanie. J'entrai dans leurs pauvres habitations peu élevées au-dessus du sol, et protégées par le chaume contre les rigueurs de l'hiver. Comme il était nuit, je les trouvai entourés de leur famille et accroupis autour du foyer dont les flammes rougeâtres éclairaient assez la chambre par leur lumière vacillante. En passant d'une maison à l'autre, j'obtins successivement les informations suivantes :

Maximin n'était venu chez Pierre Selme que quatre ou cinq jours avant l'évènement. Le vendredi, 18 septembre 1846, il avait rencontré Mélanie sur la montagne. Il n'avait pu la voir plustôt, soit que celle-ci demeurât chez un maître différent du sien, soit qu'ils eussent mené paître leurs troupeaux dans des endroits séparés. Le vendredi, avant de se quitter, ils s'étaient portés mutuellement le défi d'arriver, le lendemain, l'un plutôt que l'autre. Le 19, dès l'entrée de la nuit, ils s'étaient rendus chez leurs maîtres respectifs, en sanglotant, en versant des larmes, et avaient raconté à plusieurs reprises leur aventure. On s'était moqué d'eux, on les avait tournés en ridicule, on avait pris tous les moyens afin de les désabuser, mais on n'avait pu ni les contraindre à se taire, ni les amener à changer de discours. Le dimanche 20 septembre, ils avaient fait part de ce qui leur était arrivé à M. le curé et à M. le maire de la Salette. Depuis cette époque, leurs sentiments, leur langage, leur récit, rien n'avait changé. Ils disaient actuellement ce qu'ils avaient dit la première fois. Seulement, dans le principe, ils rapportaient le discours de la dame tout en patois, tandis que, plus tard, ils ont raconté la première partie en français et la seconde en patois. Cette particularité ne devait pas les rendre suspects, car ils avaient eu soin, dès le début, d'avertir que la grande dame s'était énoncée en français et n'avait commencé à parler patois qu'au mot *pommes de terre*.

Je ne pouvais désirer d'autres renseignements de la part de ces gens simples et profondément convaincus de la réalité du miracle. Je les quittai pour reprendre le chemin de Corps et j'arrivai le soir à l'hôtel, à la clarté de la lune.

Ayant eu occasion de causer avec l'artiste daguerrien que j'ai signalé plus haut, je lui demandai s'il avait été heureux dans l'exécution de son projet, qui consistait à saisir le groupe des spectateurs réunis sur la montagne. Il me répondit que, malheureusement pour lui, temps et peine, tout avait été perdu. La brume épaisse et humide qui enveloppait l'assemblée, ayant détrempé les préparations chimiques étendues sur les plaques, il lui avait été impossible de se livrer à l'opération. Pour se dédommager, il se proposait de tirer le portrait des deux enfants, chose à laquelle je l'engageai beaucoup, attendu que tous ceux qu'on en a fait jusqu'à ce jour sont très-peu ressemblants.

Dans le courant de la soirée, je profitai de quelques instants de loisir laissés à la maîtresse d'hôtel, pour lui demander si le changement dans les habitudes et dans la vie des habitants de Corps était tel qu'on le disait. Elle répondit affirmativement et prétendit confirmer sa réponse par une observation qui n'est pas dénuée de justesse : c'est que le jour de la vogue, contrairement aux usages et aux goûts reçus, on ne s'était pas livré à une seule danse. Les exercices religieux etaient d'ailleurs ponctuellement suivis, les prédications écoutées avec respect, les sacrements fréquentés avec foi et avec ardeur. Je lui demandai ensuite si les étrangers qui passent plusieurs fois par la route de Corps, s'étaient aperçus du changement notable qui avait transformé la face du pays. Elle me répondit : Oui, bien certainement, et, à ce propos, je vous raconterai le trait suivant :

« Un soir, pendant l'hiver dernier, le père de Maximin se trou-
» vait ici autour d'une table avec quelques-uns de ses amis. La
» diligence ne tarda pas d'arriver. Tout à coup, voilà qu'un jeune
» homme descend de voiture, entre brusquement dans l'hôtel, et
» s'adresse directement à moi, avec un air indigné, comme s'il
» avait subi quelque insulte de ma part. Madame Consolin,
» s'écria-t il, la manière dont vous traitez les voyageurs est
» vraiment pitoyable !... Depuis qu'on parle de votre Salette,
» vous les servez comme des chiens !... On ne se reconnaît plus
» ici !... C'est vous qui avez inventé toute cette ridicule comé-
» die pour attirer de tous les côtés des étrangers trop confiants
» que vous écorchez à votre gré !... C'est une infâmie !... De
» plus, vous négligez vos meilleures pratiques qui passent inaper-
» çues. Il faut que cela finisse !... Vous devez savoir que, l'an
» passé, les choses allaient un peu mieux !... Je demeurai stu-
» péfaite en entendant ces reproches auxquels je ne m'attendais

» pas, et en voyant la mauvaise humeur avec laquelle ils m'étaient
» adressés. Toutefois, je lui répondis avec vivacité : Monsieur, je
» n'entends rien à ce que vous dites... Est-ce que c'est moi
» qui ai appelé tous ceux qui ont voulu visiter la Salette?... Est-
» ce ma faute s'il est venu et s'il vient tant de monde!... Est-
» ce que je pensais à un pareil évènement?... Ce n'est pas moi
» qui ai parlé de la Salette la première. Si vous voulez savoir ce
» qui s'est passé dans cette affaire, interrogez le père du petit
» Maximin qui est assis à cette table. Il doit le connaître, lui!...
» Dès que le voyageur eut entendu parler du père de Maximin, il
» s'élança comme un furieux de son côté, et l'apostropha de la
» sorte : ah! ah!... c'est vous, coquin, scélérat, qui avez
» inventé cette fable et qui avez trompé le public!... C'est vous
» qui avez appris à votre fils à jouer le rôle de menteur et d'im-
» posteur!... Fripon, vous avez voulu gagner de l'argent!...
» Vous avez voulu attirer les étrangers pour donner de la vogue à
» vos pays de montagne!... Qu'est-ce que cela signifie? Est-ce
» que vous nous prenez pour des dupes?... Est-ce ainsi que vous
» exploitez nos bourses?... Est-ce ainsi que vous vous jouez de
» l'ignorance et de la superstition du peuple?... Escroc, brigand,
» vaurien, il faudrait qu'à l'instant même on vous fît saisir par
» les gendarmes!... Le pauvre homme surpris à l'improviste
» par cette rude attaque, fut comme écrasé par un coup de foudre;
» il succomba sous une parole si terrible et se laissa choir sur la
» table, le visage caché dans les mains. Tandis que les injures
» tombaient sur sa tête par torrent, il versait des larmes brûlantes
» et détestait profondément la funeste publicité d'un récit qu'il
» avait voulu étouffer dans son origine. A la fin, ne pouvant
» plus soutenir l'épreuve, il se dressa et sortit précipitamment
» sans avoir pu répliquer un seul mot, tant la douleur oppres-
» sait sa poitrine. Il courut droit à sa maison et tomba à coups
» redoublés sur son misérable enfant, après l'avoir attaché au
» pied d'une table. Il lui reprocha amèrement et avec l'accent de
» la plus violente colère de l'avoir exposé aux railleries et aux
» insultes du public, de lui avoir attiré les plus indignes outrages,
» d'avoir terni sa réputation. Il lui enjoignit expressément de ne
» plus dire un seul mot touchant le conte monstrueux qu'on lui
» avait fait accroire. Puis, à la suite de cette scène, il le consigna
» pour huit jours dans un réduit obscur, et le condamna au pain et
» à l'eau. Au bout des huit jours, chose étonnante! Maximin était

» aussi ferme et aussi inébranlable qu'auparavant. Ni les coups,
» ni les châtiments, ni les colères de son père n'avaient pu le flé-
» chir. Aussi fut-il délivré de l'injuste prison dans laquelle il était
» retenu. Vous voyez par là que les voyageurs n'ignorent nulle-
» ment le mouvement remarquable qui a agité avec tant de puis-
» sance la population de Corps. »

Ici se terminèrent mes recherches et mes investigations. Aussi, comme on le conçoit fort bien, je songeai à partir incessamment.

Le lendemain 22 septembre, après avoir éprouvé la douce consolation d'avoir Maximin pour servant de messe, je laissai derrière moi ces lieux auxquels des souvenirs précieux me tiendront longtemps attaché.

Tel est le compte-rendu des faits principaux que j'ai pu recueillir dans mon voyage à la Salette. Je les ai rapportés avec autant d'exactitude qu'il m'à été possible; après cela, libre à chacun de les interpréter à son point de vue et suivant ses goûts. Quant à moi, je mentirais à ma conscience, si je disais que tous les détails dans lesquels je suis entré, ne concourent pas à un seul résultat, à un seul but qu'il est facile de deviner. Je vois dans l'ensemble des motifs et des probabilités un accord général, une harmonie incontestable, de sorte que, si dans tout ce qui précède, il n'y a rien qui prouve l'apparition de la Sainte-Vierge, il est encore plus vrai de dire que rien ne l'a contredit.

CHAPITRE III.

Réponses admirables de Maximin et de Mélanie à différentes personnes qui ont voulu les embarrasser et leur arracher leur secret.

Outre le rapport que je viens de présenter, j'ai encore à faire connaître certaines particularités qui se rattachent au même sujet. Ces particularités puisées à des sources dignes de foi et recueillies, soit avant, soit après mon voyage, on ne sera certainement pas fâché de les voir exposées ici. Elles auront le double avantage d'intéresser par leur variété et de mettre encore mieux en relief le caractère des deux jeunes bergers. De plus, on pourra juger si mes impressions personnelles sont partagées ou non par d'autres voyageurs.

Un ecclésiastique des Basses-Alpes qui a fait le voyage de la Salette en compagnie de plusieurs autres prêtres, a écrit les lignes suivantes :

« Il me serait impossible de dire les impressions profondes de
» piété et de ferveur que j'éprouvai en arrivant sur la montagne,
» surtout à la vue du bois sacré qui signale l'endroit où Marie s'est
» élevée en l'air et a disparu. J'aime à me rappeler les douces émo-
» tions de cet heureux moment, mais ma plume n'a jamais pu les
» tracer sur le papier. . . . .
» Voici ce qui m'a le plus frappé dans mon pèlerinage.

» Pendant l'entretien que j'eus avec Maximin Giraud (25 mai
» 1847) et qui ne dura pas moins d'une heure et demie, il ne dit
» pas un mot qui pût me faire douter de la véracité des faits ; il
» répondit à toutes les questions avec la naïveté de l'enfance et
» l'aplomb de la persuasion. Quand je voulus le tourner en ridi-
» cule sur le prétendu secret que la Sainte Vierge lui aurait con-
» fié, et quand, avec un sourire moqueur, je lui demandai en
» langue provençale : Qu'est-que cela pouvait être, il me fit en
» patois la réponse suivante dont j'admire encore l'à-propos et le
» laconisme : « *Et qué qué sieyé!* » Ce qui signifie : « *Et quoi que
» ce soit!* » Nous vîmes d'après cela qu'il était inattaquable et qu'il
» ne parlait que de ce qu'il avait entendu ou vu de ses propres
» yeux. Aussi, nous ne voulûmes pas prolonger un entretien qui
» nous avait assez convaincus.

» Le lendemain, 26 mai, un peu avant notre départ de la mon-
» tagne pour retourner à Corps, une dame dont le mari était pré-
» sent, s'approcha de moi et me pria de bénir le bonnet d'un enfant
» de deux ou trois ans. Dans la crainte que cette demande ne me
» parût singulière, elle me dit : M. le curé, peut-être cela vous
» étonne, mais hier, une femme se trouvant ici avec un jeune
» enfant muet de naissance, demanda à M. le curé de la Salette
» une pareille bénédiction. Cette bénédiction ayant été accordée,
» elle plaça le bonnet sur la tête de son fils. Celui-ci eut aussitôt
» la langue déliée et lui demanda du pain. Mon enfant, ajouta-
» t-elle, n'a aucune infirmité, mais une bénédiction de plus ne
» lui sera jamais nuisible. Sensible comme je devais l'être au pieux
» désir de cette bonne mère, j'invitai un de mes amis qui avait en
» main un recueil de prières de vouloir bien bénir l'objet présenté.

» De retour à Corps, tandis que, recueillis devant le Saint
» Sacrement, nous allions commencer l'office, une femme s'ap-
» procha et nous dit : Messieurs, je voudrais vous parler un mo-
» ment . . . . . J'étais malade depuis longtemps au point de ne
» pouvoir marcher sans le secours des béquilles; j'ai voulu moi
» aussi aller sur la montagne et je m'y suis traînée comme j'ai pu.
» J'y étais aujourd'hui avec la foule dont vous faisiez partie ; j'ai
» prié la bonne Vierge et me voilà guérie ; aussi, j'ai laissé là-
» haut mes bâtons. Je lui demandai ses noms et prénoms qu'elle
» me déclina et que j'ai oubliés depuis ; je la renvoyai ensuite, après
» l'avoir engagée à être bien reconnaissante envers celle par qui
» elle croyait avoir été guérie.

» Le soir à souper, je demandai à la maîtresse d'hôtel, s'il y
» avait dans le pays une famille qui portât le nom de ***..... Oui,
» dit-elle, et même il y en deux de ce nom. — Est-ce que vous ne
» connaissez pas dans une ou l'autre de ces familles un membre
» qui est atteint d'infirmité. — Non, je n'en connais aucun — Et
» cependant, on nous a parlé d'une femme qui aurait été guérie.
» Ne porte-t-elle pas ce nom ? — Ah ! vous voulez parler sans
» doute d'une femme paralytique depuis 8 ou 10 ans, à qui, bien
» des fois, j'ai fait l'aumône à la porte, et qui marche à l'aide de
» béquilles. Oui, c'est vrai, on dit qu'elle a été guérie, mais on
» parle si souvent de miracles ici qu'il s'en trouve plus d'un qui
» passe inaperçu. »

Voici ce que rapporte un autre ecclésiastique du même département.

« C'était le 16 juin 1847. Je gravissais la montagne de la Salette
» en compagnie de 13 prêtres, parmi lesquels se trouvait le véné-
» rable curé de la cathédrale de Grenoble. Mélanie Mathieu nous
» accompagnait. Comme nous marchions à des distances inégales
» et par petits groupes, la bergère était tantôt avec les uns, tan-
» tôt avec les autres, gardant cet air modeste et naturel qu'on lui
» connaît, et répondant avec bonté à tous ceux qui l'interrogeaient.
» J'épiais le moment où Mélanie quitterait ceux que l'âge ou l'épui-
» sement des forces retenaient au dernier rang, et viendrait se
» joindre au groupe dont je faisais partie. Je n'attendis pas trop
» longtemps et j'eus bientôt la satisfaction de la voir se mêler à
» nous, car les bons vieillards qui formaient le dernier détache-
» ment n'allaient pas assez vite à son gré. Ce fut alors de notre part
» un assaut de questions auxquelles elle satisfit très-volontiers.
» J'en ferai connaître quelques-unes.

» Mélanie, on m'a dit que la Sainte Vierge t'avait révélé un
» secret ainsi qu'à Maximin ; (à ce mot de secret, elle releva sa
» petite tête et sembla me dire avec un regard méfiant : Avancez,
» je me tiens sur mes gardes.) Vous devriez nous le faire con-
» naître, puisque, après tout, il faut espérer qu'un jour Dieu vous
» permettra de le divulguer. Elle me répondit : Si un jour nous
» le faisons connaître, alors vous le saurez ; pourquoi me le de-
» mandez-vous ? Après mille autres questions insignifiantes,
» craignant de l'avoir fatiguée, je lui dis : Mélanie, tu dois être
» bien ennuyée, tu as entendu tant de fois les mêmes interroga-
» tions !...... Elle répondit : *Monsieur le curé, vous fatiguez-*

» *vous quand vous dites la messe tous les jours?* Je lui fis observer
» que le rapprochement n'était pas juste parce que, si je disais la
» messe tous les jours, c'était par devoir. Elle répliqua : vous
» célébrez la messe tous les jours sans vous fatiguer parce que
» c'est votre vocation, et moi, je dis ces choses sans jamais m'en-
» nuyer, parce que la Sainte Vierge m'a recommandé de les rap-
» porter à tout son peuple. Tout en discourant de la sorte, nous
» arrivâmes au sommet de la montagne, où nous éprouvâmes les
» douces émotions qu'y ressent tout voyageur, quand bien même
» il ne soit témoin d'aucun miracle.

» Après trois heures de séjour sur les lieux sanctifiés par la
» présence de Marie, nous redescendîmes et j'eus encore l'avantage
» de m'accompagner avec Mélanie pendant une heure. Je profitai
» de cette bonne fortune pour engager avec elle le dialogue sui-
» vant :

» — Mélanie, si ton confesseur te demandait ton secret, tu
» serais bien obligée de le lui révéler.

» — Si mon secret était un péché, oui, mais comme ce n'est
» pas un péché, je ne suis pas tenue de le lui faire savoir.

» — Et s'il te refusait l'absolution pour cela ?

» — S'il me refusait l'absolution, je serais également contente
» parce que j'aurais fait mon devoir, mais lui n'aurait pas fait le
» sien.

» — Quoi que tu dises, je crois que ton secret regarde le duc de
» Bordeaux ?

» A ce mot, elle me regarda d'un air étonné, comme une per-
» sonne qu'on interroge sur une chose entièrement inconnue, puis
» elle répondit :

» Qu'est-ce donc que le duc de Bordeaux ?

» — C'est un prince de la famille royale qui devait occuper le
» trône de France, et au lieu d'être roi, il est dans l'exil, pendant
» qu'un autre règne à sa place.

» Elle répondit froidement :

» Eh ! qu'importe à Dieu que celui-là règne ou un autre ?

» Changeant de sujet, je lui dis :

» Mélanie, on m'a rapporté que le procureur du roi t'avait in-
» terrogée et t'avait menacée de graves châtiments pour te faire
» avouer ton secret.

» — Non, M. le curé, c'est le juge de paix, qui, pendant trois
» heures, nous questionna séparément avec Maximin.

» — Que voulait-il de votre part?

» — Il voulait nous faire parler sur l'apparition ; il s'efforça de nous gagner par de l'argent, il voulait nous engager à rétracter toutes nos paroles et à divulguer notre secret.

» — Que lui répondis-tu?

» — Gardez votre argent ; je ne me rétracte point et je ne veux pas dévoiler mon secret.

» — Alors, ne te menaça-t-il pas de la prison?

» — Oui, M. le curé.

» — Et toi, que lui dis-tu?

» — *J'entrerai dans la prison, mais mon secret y entrera avec moi.*

» — On m'a dit qu'on t'avait menacée de la mort : est-ce que cette menace ne t'avait pas effrayée?

» — Je n'avais pas pour cela bien peur, et je lui répondis : *M. le juge de paix, on ne meurt qu'une fois.*

» Telles sont les principales réponses que j'ai entendues de la bouche de Mélanie et dont je garantis l'authenticité. »

Monsieur le chanoine Bez ayant fait subir un interrogatoire à Mélanie et à Maximin, en obtint les réponses suivantes :

» — Mélanie, la Sainte Vierge ne t'a-t-elle pas révélé un secret?

» — Oui, Monsieur, mais elle nous a défendu de le dire.

» — Sur quoi t'a-t-elle parlé?

» — Si je vous dis sur quoi, vous comprendrez bientôt ce que c'est.

» — Ce qu'elle t'a dit, cela regarde-t-il toi ou un autre?

» — Qui que ce soit que cela regarde, elle nous a défendu de le dire.

» — Feras-tu ce qu'elle t'a dit?

» — Ça ne regarde personne, que je le fasse ou non ; elle nous a défendu de le dire.

» — Elle ne t'a donc pas recommandé de faire quelque chose?

» — Que je le fasse ou non, cela ne regarde personne.

» — Le brigadier de la gendarmerie a conduit cette dame à Grenoble.

» — Il était *bien fin* pour la conduire.

» — Si tu ne veux pas me dire ton secret, que faudra-t-il que je réponde à un grand personnage qui m'a envoyé pour le savoir?

» — Vous lui direz ce que vous voudrez, qu'est-ce que cela
» me fait? Je ne veux pas le dire.
» — Quand diras-tu ce que cette dame t'a confié?
» — Quand je serai après le dire.
» — Y a-t-il un moment où tu le diras?
» — Il y en a un ou il n'y en a point.
» — Maximin, quand est-ce que la Sainte Vierge vous a confié
» le secret?
» — Elle nous a dit le secret, quand elle a parlé de la famine.
» — Je conçois que tu ne veuilles pas dire ce secret à tout le
» monde, mais tu peux bien le dire à un prêtre qui le gardera
» comme toi?
» — Si je le dis à qui que ce soit, je ne le garderai pas, et je
» ne peux pas le dire.
» — Ce secret te regarde-t-il personnellement, ou regarde-t-il
» tout ce que la dame appelle son peuple?
» — Si je vous dis qu'il ne regarde que moi, vous en tirerez
» des conclusions qui peuvent être fausses ; si je vous dis qu'il
» regarde le peuple, ce sera la même chose, et vous pourriez
» connaître mon secret.
» — Quand feras-tu connaître ton secret?
» — Quand la personne qui me l'a confié viendra me dire de
» le révéler.
» — Et si elle ne vient pas, tu ne le diras donc jamais?
» — Jamais je ne le dirai . . . . . Cependant au jugement der-
» nier vous le saurez; alors tout sera connu.
» — Et s'il fallait dire ton secret ou mourir?
» — (Avec fermeté) *Je mourirai* . . . . . je ne le dirai pas.
» Là s'est terminé notre entretien ; j'en savais assez, je ne
» pouvais rien obtenir de la constance et de la fermeté de ces
» deux enfants. »

Quelqu'un disait à Maximin :

— Tu dirais bien ton secret à ton confesseur, s'il t'y obligeait.

— Non, je ne le dirais pas; mon secret n'est pas un péché.

— Mais si le pape te le demandait, tu serais bien obligé de le lui dire, car, enfin, le pape est bien plus que la Sainte Vierge?

— Le pape plus que la Sainte Vierge! . . . . . mais la Sainte Vierge est la reine de tous les saints. Si le pape fait bien son devoir, il sera saint, mais il sera toujours moins que la reine des saints; s'il ne fait pas son devoir, il sera plus puni que les autres.

Dans une autre circonstance, une personne fit à peu près la même objection à Maximin au sujet du pape. Elle lui dit que Jésus-Christ était venu sur la terre pour établir une société visible nommée l'Église, qu'après sa mort, le chef des Apôtres, St.-Pierre, avait reçu le dépôt de la puissance et de la force de son maître, et qu'il avait transmis ce précieux trésor à ses successeurs ; ceux-ci l'avaient gardé intact de siècle en siècle jusqu'au pape qui est actuellement sur le trône : par conséquent, le pape régnant devait être bien au-dessus de la Sainte Vierge et s'il lui commandait de révéler son secret, il devrait lui obéir à lui-même plutôt qu'à la Sainte Vierge. On pourrait croire que Maximin fut embarrassé pour trouver une réponse. Mais non, il cloua son adversaire sur-le-champ par ces mots : « Eh bien ! Monsieur, puisque le pape est plus que la Sainte » Vierge, il doit savoir le secret lui ! Pourquoi venez-vous donc me » le demander ? »

Une autre fois quelqu'un lui disait :

Écoute Maximin, il est inutile que tu me caches ton secret. Maintenant je sais que tu as été trompé et que ton secret ne peut être autre chose qu'une ridiculité. La dame qui vous a si cruellement dupés en abusant de votre ignorance, je viens de la voir en prison en passant à Grenoble. Maximin répondit : « Eh bien ! si » vous l'avez vue en prison à Grenoble, que venez-vous faire ici ? » Elle sait le secret, elle ; allez-le lui demander. »

Un ecclésiastique distingué disait à Mélanie avec une rare finesse : Mon enfant, une sainte religieuse, supérieure d'une communauté, connaît le secret qui t'a été confié, car le St.-Esprit lui-même le lui a révélé : elle voudrait savoir si tu ne mens pas ; en conséquence, dis-le moi, afin que je sache ce qu'il faudra lui répondre. Mélanie ne se laissa pas prendre à ce piége. Elle répliqua en disant : « Si cette religieuse connaît mon secret, il n'est pas né- » cessaire que je vous le rapporte ; elle peut vous le dire elle- » même. »

Un autre ecclésiastique de Grenoble disait au petit Maximin : « Tu as envie d'être prêtre ; eh bien, si tu me dis ton secret, je » me charge de toi, et je ferai tout ce que je pourrai pour faire de » toi un prêtre. »

» — Oh ! Monsieur, répondit l'enfant, si, pour être prêtre, il » faut dire mon secret, je ne le serai jamais. »

Un jour, un ecclésiastique étalait devant les yeux des deux enfants plusieurs pièces d'or et d'argent, avec promesse de les partager entr'eux s'ils se décidaient à livrer leur secret. « Pour tout l'or du monde, répondirent-ils, nous ne dirons notre secret. »

Un questionneur importun adressa à Maximin la même objection que j'avais présentée à Mélanie au sujet des nuages. Il lui dit que la belle dame qu'il avait vue, n'était autre chose qu'un nuage blanc qui, par la manière dont le soleil l'avait frappé, avait offert des dehors éclatans de lumière et de couleurs. Le jeune berger se contenta de lui répondre : « Faites donc parler un nuage. » L'enfant avait raison ; la chose est en effet passablement difficile. Cependant, l'interlocuteur ne se tint pas pour battu, et il ajouta une seconde difficulté. « Mais, dit-il, faisant un effort d'imagination, si c'était » une femme cachée dans un nuage. » « Oh ! Monsieur, répliqua » Maximin, faites donc porter une femme sur un nuage, car nous » l'avons vue s'élever et disparaître ; nous n'avons plus vu la tête, » plus vu le bras, plus le corps, plus les pieds ; elle s'est fondue. »

Qui n'admirerait, qui ne sentirait la force de pareilles réponses sorties de la bouche de deux bergers sans instruction et sans éducation ? Qui peut se dissimuler l'appui qu'elles apportent à l'authenticité du fait ? Je ne sais si je suis victime d'une illusion, illusion qui, dans tous les cas, est partagée par plusieurs personnes ; mais il me semble que les reparties de Maximin et de Mélanie sont si spirituelles, si piquantes, si naturelles qu'elles sont plus extraordinaires que l'évènement lui-même. En effet, concevez-vous que deux enfants ignorants, auxquels la nature a donné une mémoire excessivement ingrate, qui n'ont pas l'idée de la société, qui n'ont jamais été mis en communication avec le monde, puissent sur-le-champ, sans délai comme sans préparatifs, répondre à toutes les difficultés, à toutes les interpellations, à toutes les finesses, à tous les sophismes dont on les poursuit et dont on les accable ? Croyez-vous qu'il fût aisé à une personne si cultivée, si adroite qu'on la suppose, de repousser en deux mots toutes les attaques dirigées contre elle, sans jamais s'entrecouper, sans se contredire, sans se lasser, sans tomber dans aucun piége ? Où donc ces pauvres enfants ont-ils puisé l'art, si estimé aujourd'hui, de *vous clouer un homme sur place* par un seul trait, cet homme fut-il mathématicien, naturaliste, littérateur, journaliste, médecin, avocat, ecclésiastique, lettré ou illétré ? Vous direz : « ils ont été dressés par une » main habile. » Habile tant que vous voudrez ! d'accord ; mais cette personne si rusée, si féconde en ressources, si perspicace, a-t-elle prévu quels seraient les voyageurs distingués de Grenoble,

Lyon, Marseille, Avignon, Paris, etc., qui entreprendraient le voyage de la Salette pour poser des difficultés aux jeunes narrateurs? A-t-elle pu prévoir toutes les sollicitations, toutes les embûches, toutes les menaces dont les petits mannequins seraient l'objet? A-t-elle pu leur inculquer par avance dans l'esprit tous les subterfuges et toutes les souplesses de langage auxquels ils devraient recourir pour échapper aux serres cruelles de l'examen le plus minutieux? Et dans ce cas, en supposant que toutes les réponses leur eussent été dictées et enseignées longtemps avant l'épreuve, les deux enfants ont-ils une mémoire si solide, une intelligence si développée, un jugement si mûr, qu'ils n'aient rien oublié, rien confondu, rien embrouillé, de manière qu'à chaque question, ils trouvent à point nommé la réponse la plus convenable? Evidemment, une pareille hypothèse est insoutenable et attribuerait à Maximin et à Mélanie cent fois plus d'esprit qu'ils n'en ont. Lorsqu'on les a vus de près, quand on les a entretenus séparément, tête à tête, seuls, sans guide, sans patron, sans machine motrice, et que néanmoins on a recueilli de leur bouche tant de saillies pleines d'à propos, de force et de sel, il n'est pas possible de les regarder comme les purs échos d'un agent frauduleux et caché. D'autre part, comme leur état intellectuel est pauvre et singulièrement négligé, on ne peut pas supposer qu'ils aient trouvé en eux-mêmes une source inépuisable de répliques victorieuses. Donc, il faut admettre qu'une influence supérieure, cette influence qui se plaît à révéler les choses secrètes *aux petits et aux ignorants*, leur a inspiré leurs plus belles réponses et les a soutenus dans les situations les plus délicates.

CHAPITRE IV.

Réponses à dix objections principales contre l'apparition miraculeuse de la Salette.

Aussitôt que l'apparition de la Salette a fait bruit dans le public, elle a soulevé de toutes parts une foule d'objections plus ou moins fortes. Il s'est rencontré des personnes qui ont mis leur esprit à la torture, soit pour expliquer le phénomène naturellement, soit pour en démontrer l'absurdité. De là, il est résulté un grand nombre d'interprétations tout à fait disparates : les unes ingénieuses, les autres simplement ridicules. Des observations ont été faites qui prouvent la sagacité et l'esprit de véritable critique chez leurs auteurs ; mais, pour être exact, il faut ajouter qu'on a avancé des propositions tellement dénuées de sens et de raison, qu'il n'est nullement nécessaire, pour en montrer le vide, d'être zélé partisan du miracle. On ne comprendrait même pas que des hommes, qui ont quelque instruction, pussent s'abriter derrière de pareils fantômes, si l'on ne savait que dans notre siècle de *progrès* et de *lumières*, il est permis au premier venu d'insulter au sens commun en débitant les plus plates niaiseries. Aussi, ne prendrai-je pas la peine, assurément bien inutile, de repousser toutes les calomnies et toutes les suppositions ignorantes qui ont été mises en avant ; il suffira d'apprécier la valeur des principales difficultés qui ont pu motiver des sentiments de défiance et d'opposition.

Première objection. Les bergers étant jeunes et ignorants ont pu être trompés par quelque spectacle inconnu et naturel qu'ils ont regardé comme un prodige ; à la suite de cet accident qui les a frappés, ils se sont communiqué leurs impressions, ils ont préparé leur histoire et sont venus la débiter à leurs maîtres, avec toutes les apparences de la conviction la plus profonde et la mieux fondée.

Réponse. Il est à peu près inutile et superflu de dire que les bergers ont été victimes d'une hallucination, si on ne veut ou si on ne peut expliquer en quoi elle a consisté et quels en ont été les résultats possibles. Car, il ne suffit pas d'affirmer, en général, qu'un phénomène naturel a surpris l'ignorance et les sens de Maximin et de Mélanie, si on n'explique pas quelle a été sa nature et quels sont ses effets ordinaires. Il faut par conséquent en venir à des allégations plus précises et discuter les causes les plus fréquentes de nos erreurs involontaires.

Et d'abord, qu'est-ce que l'hallucination ?

Au sens physique, l'hallucination consiste dans certaines affections de la vue, dans lesquelles les objets ne sont point représentés tels qu'ils doivent l'être.

Au sens moral, l'hallucination s'entend des perceptions qu'on croit avoir et qu'on n'a pas réellement.

Examinons si on peut admettre dans les deux bergers cette double infirmité. Il est notoire, et tout voyageur peut s'en convaincre aisément, que ni l'un ni l'autre n'est privé du bienfait d'une vue bien claire et bien nette. Loin d'être aveugles, borgnes ou myopes, ils distinguent parfaitement les objets avec leurs regards perçants. L'exercice et la vie libre des champs leur ont fourni les moyens de perfectionner leurs dispositions naturelles à cet égard, par la considération des distances en pleine campagne. Leurs yeux ne sont donc point malades et ne l'ont point été à l'époque de l'apparition.

Mais, dira-t-on, leur vue quoique saine a bien pu être fascinée momentanément. — Eh bien ! dans ce cas, quel est l'objet, quel est l'agent qui a pu les induire en erreur ? Direz-vous que c'est l'ombre d'un arbre, d'un bois taillis, d'une habitation, d'un rocher, d'une muraille ? — Mais, si vous allez sur les lieux du miracle, vous n'y verrez rien de tout cela ; vous y trouverez un sol entièrement découvert et tapissé par un gazon verdoyant. Direz-vous que c'était une vapeur bizarre, aux formes humaines ? Direz-vous que c'était un beau nuage aux contours pourprés et au teint de rose? — Mais, ni les vapeurs, ni les nuages, si brillants qu'ils soient, n'ont l'usage de la parole. Direz-vous que c'était une femme enveloppée et cachée dans un nuage? — Mais, les femmes n'ont pas le privilége de s'élever en l'air à l'aide des nuages. Tout au plus si, soulevées par un aérostat puissant, et munies de mille précautions, elles osent voyager dans les plaines de l'air. Direz-vous qu'une vieille sorcière, s'étant habillée comme une dame du grand monde, les a éblouis par sa toilette et leur a joué un tour du vieux temps? Direz-vous que quelque jongleur malin a mis la physique et la chimie à contribution, pour les duper; qu'il a illuminé sa figure en la couvrant de phosphore incandescent? Malheureusement, ces hypothèses croulent devant les faits. Dans la journée du 19 septembre 1846, on n'a vu aucun étranger, aucun inconnu passer dans les hameaux qui sont situés sur le chemin de la montagne *Sous-les-Baisses*. Les pâtres qui paissent leurs troupeaux, les agriculteurs qui vivent dans les champs, n'ont rien aperçu de nouveau. Aucun personnage suspect ne s'est offert à leurs yeux, bien que le prétendu physicien ou la terrible sorcière dussent traîner après eux le bagage indispensable aux grandes opérations de la magie blanche. De plus, la forme humaine qui s'est montrée auprès du *Sezia*, s'est évanouie après s'être élevée au-dessus de la terre; est-ce que les sorcières, les physiciens et les chimistes possèdent le secret de se résoudre en légère vapeur, suivie d'une lumière? Les a-t-on jamais vus en plein jour, au grand soleil, disparaître aux yeux de leurs semblables? Direz-vous qu'il peut y avoir des combinaisons si singulières dans les éléments, que deux enfants soient parfaitement convaincus d'avoir parlé à quelqu'un, alors même que leur ignorance les a complètement déçus? — Mais alors, il faut supposer qu'ils n'ont pas assez d'esprit et de compréhension pour distinguer les hommes des choses, qu'ils croient entendre quand ils n'entendent pas, qu'ils croient parler quand ils ne parlent pas; il faut supposer qu'ils sont privés du sens commun, qu'ils sont somnambules, malades d'imagination, atteints d'aliénation mentale. Or, tout cela est inadmissible, puisque, dans leur aimable simplicité, ils n'ont jamais donné le moindre signe de folie. Direz-vous enfin que tout le mystère s'explique facilement au moyen d'un songe, songe identique et bizarre, à la suite duquel ils se seraient entendus? — Mais, de bonne foi, comment s'est-il fait que le même songe soit venu se loger dans deux têtes à la fois? Par quel hasard, une coïncidence si rare s'est-elle rencontrée? Et puis, les jeunes narrateurs sont-ils si ignorants, qu'ils ne sachent pas distinguer l'état de sommeil d'avec l'état de veille? Peut-on croire qu'ils dormaient au moment de l'apparition, lorsqu'eux-mêmes nous avertissent que leur sommeil a eu lieu avant elle? Etaient-ils encore endormis, lorsque s'étant dressés sur le tas de pierres qui leur avait servi de coussin, ils ont marché jusque sur la crête du plateau, afin de retrouver leurs vaches?

On ne peut donc raisonnablement admettre chez eux ni une hallucination physique, ni une hallucination mentale.

On le peut d'autant moins, que le désordre des sens ou de l'esprit qui aurait subitement inculqué dans la mémoire de Maximin et de Mélanie une histoire longue, suivie, détaillée, et de tous points au-dessus de leur portée, serait un désordre savamment combiné et l'œuvre d'une intelligence supérieure.

Deuxième objection. Les deux bergers récitent, comme une leçon, l'évènement qui les concerne, ce qui prouve clairement qu'ils sont les organes de quelque adroit imposteur.

Réponse. On ne peut disconvenir que les paroles de Maximin et de Mélanie ne ressemblent à une véritable récitation. Aussitôt qu'un voyageur les a priés de raconter l'évènement, ils enfilent leur histoire avec une rapidité étonnante, à voix basse, la tête baissée, ainsi que le pratiquent les jeunes écoliers. Ils prononcent également et sur le même ton demandes et réponses. Ils paraissent même ne concevoir que fort peu l'importance et la gravité de ce qu'ils annoncent. Voilà ce qu'on découvre à la première inspection.

Mais peut-on en conclure avec certitude qu'ils ont été dressés, façonnés à jouer un rôle? Non, on ne le peut pas et on ne le doit pas.

Et d'abord, elle serait bien maladroite la personne qui aurait si mal compris les intérêts de la cause dont elle devait tirer avantage et profit. Quand on veut accréditer auprès de tout un peuple des faits merveilleux, met-on en avant deux chétives créatures qui ne savent rien, qui ne connaissent rien, qui parlent à peine la langue française, qui n'ont d'autre prestige peut-être que celui de leur faiblesse et de leur ignorance? Ose-t-on les produire au grand jour, avant de les avoir un peu dégrossis, un peu civilisés; avant de leur avoir appris à narrer avec intérêt, avec intelligence, avec charme? Ensuite, convient-il de les abandonner seuls, sans défense, sans appui, à la perspicacité inexorable d'une formidable critique? Les mettre en communication avec un voyageur, quel qu'il soit, et les lancer sans patronage au milieu d'une discussion pointilleuse, sévère, sans cesse renouvelée, n'est-ce pas les jeter à la voirie, comme des victimes infortunées ? Quel est, après tout, l'homme assez insensé pour fonder l'espoir du succès sur des moyens si pitoyables, sur des instruments si frêles et si mesquins ? Non, il n'appartient pas à l'homme de faire de pareils calculs, et, entre ses mains, des éléments si nuls ne peuvent conduire qu'à un funeste et ridicule dénouement.

En supposant même que cette entreprise eût été exécutée, d'où vient que, nulle part, on ne cite le nom de la personne si adroite, si rusée et si heureuse dans le dessein qu'elle a habilement tramé ? Pourquoi ne dit-on rien de ses fréquentations journalières avec les deux jeunes bergers qu'elle a dû nécessairement tenir sous sa main longtemps à l'avance ? Comment a-t-elle pu leur apprendre un récit long et détaillé, tandis qu'ils avaient la tête si dure et l'intelligence si attardée ? Où les a-t-elle rassemblés ? Quand les a-t-elle réunis autour d'elle ? A quelle heure du jour ou de la nuit les a-t-elle entretenus ? Comment a-t-elle pu combiner ces nombreux tête à tête, puisque Maximin vivait loin de Mélanie et Mél nie loin de Maximin ? Il est mal aisé de répondre à ces difficultés, et toutes les suppositions que l'on peut faire à cet égard sont renversées par l'histoire authentique des deux enfants.

Je conclus de là que s'ils rendent si mal leur thème habituel, s'ils sont si peu prévenants, s'ils usent si peu de précautions et de ruses pour accréditer leur récit, c'est une preuve évidente qu'ils ne sont pas les instruments aveugles d'un fourbe qui se cache et qui se tait. Ils sont bien plutôt les échos d'une puissance surhumaine qui fortifie les faibles et les élève en grandeur au-dessus des forts.

Au reste, tout en reconnaissant que Maximin et Mélanie récitent leur histoire plutôt qu'ils ne la racontent, il y aurait de l'inexactitude et de l'injustice à ne pas reconnaître qu'il y a dans leur ton une modestie et une empreinte de tristesse qui frappent vivement. S'ils ne sont pas à même de concevoir la portée de leurs paroles, il paraît cependant qu'ils ont senti et qu'ils sentent profondément la mission dont ils sont investis, puisqu'ils se défendent si habilement contre leurs contradicteurs.

Ils ne sont pas non plus si froids ni si superficiels, car ils laissent apercevoir de temps en temps les larmes qui mouillent leurs yeux, aux passages les plus touchants de leur discours. Il ne faut donc pas exagérer le caractère de monotonie avec lequel ils ont l'habitude de débiter. Il faut savoir percer les apparences, pour trouver au-dessous la vérité d'un sentiment délicat, tendre et profond. Il faut leur tenir compte d'avoir conservé la première impression qui s'est faite dans leur âme, après avoir passé plus d'une année dans le cercle éternel des mêmes répétitions.

Troisième objection. Lorsqu'une personne a reçu du ciel une faveur spéciale, lorsqu'elle a été favorisée d'une vision véritablement surnaturelle, il s'opère en elle un changement subit et complet. Elle porte sur ses traits, dans ses manières, dans l'ensemble de sa vie, comme l'empreinte du miracle. Or, les jeunes bergers sont tels qu'ils ont toujours été ; ils ne sont ni moins étourdis ni moins légers qu'avant l'apparition dont ils paraissent avoir été peu impressionnés. Par conséquent leur témoignage doit inspirer fort peu de confiance.

Réponse. Je vais montrer, en deux mots, que les deux bergers sont dans la condition la plus favorable, pour que leurs paroles obtiennent crédit. Il suffira pour cela d'établir deux suppositions.

Si Maximin et Mélanie étaient vicieux, mauvais, méchants, corrompus ; s'ils avaient d'autres défauts que celui d'une éducation grossière et d'un caractère enfantin, on aurait droit peut-être de révoquer en doute leur témoignage ; mais loin de là, on ne peut rien leur reprocher qui mérite un blâme sévère. Qu'on les accuse d'être simples, ignorants, espiègles, légers, je le veux ; après cela, il n'est pas moins vrai qu'ils intéressent tous ceux qui ont la patience et le désir de les voir et de les entendre, ils captivent l'estime de tous les voyageurs qui ne se contentent pas de leur jeter un regard de dédain ou de profond mépris. Leurs mœurs sont aussi pures que naïves ; la foi, la sincérité, la candeur règnent dans leur âme.

D'un autre côté, s'ils étaient graves, pesants, compassés, toujours recueillis, toujours rêveurs, on ne manquerait pas de publier que tous ces dehors ne sont qu'une grimace. On dirait que leur vie n'est qu'une fourberie perpétuelle à laquelle ils ont été dressés par une main habile. On trouverait que le miracle a produit sur ces jeunes organisations des effets trop exagérés et qui dépassent les limites de la vraisemblance.

Donc, en se plaçant au point de vue de l'agent supérieur qui a voulu les faire servir à ses desseins, il en résulte que Maximin et Mélanie sont précisément ce qu'ils devaient être. On ne remarque pas en eux de grandes vertus ; ils sont étrangers à tout vice grossier. Ils sont libres dans leurs mouvements, naturels dans leurs gestes, simples dans leurs paroles, spirituels dans leurs reparties, amis des amusements de leur âge ; c'est par là, qu'ils piquent l'intérêt et montrent que leur conviction a été spontanée ; d'autre part, si on les interroge, ils semblent rentrer en eux-mêmes ; ils se placent mentalement au lieu et en la présence du personnage qui leur a apparu ; ils changent de ton, baissent les yeux, prennent un air triste et combattent autant qu'il est en eux la légèreté de leur caractère ; c'est par là qu'ils rendent témoignage à l'influence céleste qu'ils ont subie sans s'y attendre et sans le vouloir. Leur état habituel et la conduite qu'ils tiennent, ne sont donc pas un motif suffisant pour nier le fait de la Salette. Pour ma part, je n'y vois qu'une preuve admirable de cette sagesse, qui sait si bien proportionner les moyens aux résultats qu'elle se propose d'obtenir.

Quatrième objection. Le prétendu discours que la Sainte Vierge aurait tenu aux deux bergers est ridicule sous plusieurs rapports.

1º Il est ridicule en ce que la Sainte Vierge aurait marqué de l'imprévoyance et de la surprise en s'exprimant ainsi : « Ah ! mes enfants, vous ne comprenez pas le français, eh bien ! je vais vous parler en patois. » Ne devait-elle pas savoir qu'ils ne comprenaient pas le français ?

2º Il est ridicule en ce qu'elle se serait occupée de blé et de pommes de terre, choses indignes de sa grandeur.

3º Il est ridicule en ce que les prédictions menaçantes dont elle aurait accompagné ses plaintes, ont été inefficaces et complètement démenties par les faits.

Réponse. 1º Afin que la première partie de l'objection ne soit pas tronquée, il faut ajouter que la Sainte Vierge sachant que les bergers ne comprenaient pas le français, devait, ou leur donner subitement l'intelligence de cette langue, ou leur parler en patois depuis le commencement jusqu'à la fin. Ainsi exposée, la difficulté acquiert toute sa force.

Pour la résoudre, il faut simplement remarquer deux choses : la première, c'est que la Sainte Vierge n'était nullement forcée de faire un miracle pour se rendre intelligible à ses interlocuteurs, car elle pouvait toujours recourir à leur idiome quand il y aurait nécessité ; la seconde, c'est que, s'étant présentée devant eux avec les ornements qui appartiennent à une dame de haut rang, elle ne pouvait, dès le principe, compromettre sa dignité à leurs yeux, en les interpellant avec des expressions qui auraient indiqué une basse origine. Elle ne devait descendre à ce degré d'abaissement, qu'après avoir passé par un degré supérieur. Elle devait montrer en quelque sorte aux jeunes ignorants, qu'elle ne se rapetissait jusqu'à leur niveau que par condescendance pour leur faiblesse. D'un autre côté, Maximin comprenait passablement le français et Mélanie n'a manifesté sa surprise qu'au mot : « *pommes de terre* » qu'elle n'avait jamais entendu prononcer (1) ; donc, sans être absurde, ni imprévoyante, la Sainte Vierge a bien pu débuter en parlant français, sauf à se mettre ensuite pleinement à la portée des enfants, pour leur annoncer les choses importantes sur lesquelles elle voulait fixer spécialement leur attention. Ceux qui voudraient que la Sainte Vierge eût fait un miracle éclatant, en donnant aux deux bergers l'intelligence subite et parfaite de la langue française, demandent plus qu'il n'était nécessaire pour atteindre la fin qu'elle s'était proposée.

2° La Sainte Vierge ne s'est point occupée uniquement de blé et de pommes de terre. Elle a adressé à son peuple des récriminations assurément très-justes, au sujet de la violation du dimanche, au sujet du blasphème, si odieux dans la bouche des chrétiens, au sujet de la voracité avec laquelle on se nourrit de viandes, non seulement dans les temps permis, mais encore aux époques prohibées. Or, ces trois points forment trois articles essentiels dans la morale catholique. Outre qu'ils ont en eux-mêmes une haute importance, puisqu'ils sont des garants de la soumission de l'homme envers le créateur, les plus graves conséquences sociales ressortent de leur violation ou de leur accomplissement. C'est pourquoi, la Providence, qui veille sur le monde, peut faire dépendre certains effets physiques, tels que l'abondance ou la pénurie des récoltes, de la fidélité avec laquelle ces lois sont gardées. Elle peut promettre, comme autrefois au peuple juif, des moissons florissantes, des fruits abondants, des vivres de toute espèce, propres à porter la joie dans les familles, si ses volontés sont ponctuellement exécutées, comme aussi, elle peut menacer des châtiments les plus sévères, dans le cas opposé. D'où il résulte que, si la Sainte Vierge s'est occupée de blé et de pommes de terre, comme elle ne peut agir que conformément aux ordres de la Providence, elle n'a pas fait de ces objets secondaires la matière exclusive de son discours ; elle n'en a parlé que comme d'une sanction temporelle des grandes

---

(1) Elle ne connaissait ce légume que sous le nom provençal de *truffes*.

lois dont elle a rappelé le souvenir et dont elle a recommandé l'observation. On ne peut donc rien trouver dans ses paroles qui blesse sa grandeur et qui ravale sa dignité.

3° On accuse la Sainte Vierge de s'être trompée et d'avoir répandu des prédictions fausses.

Pour avancer et pour soutenir une pareille proposition, il faudrait savoir plusieurs choses que l'on ignore et omettre certaines particularités que l'on connaît. Premièrement, quoique tout porte à le croire, et quoique ce soit mon opinion personnelle, néanmoins, on ne sait pas au sûr si la Sainte Vierge a voulu désigner par ces mots « tout mon peuple » les habitants de la région dans laquelle elle s'est montrée, ou si elle avait en vue toute la France. Il serait cependant nécessaire de le connaître pour pouvoir dire que la Sainte Vierge s'est trompée, car la récolte peut être excellente dans un endroit et pitoyable ailleurs.

En supposant que les prédictions concernassent toute la France, on ne sait pas si on peut inférer qu'elles sont ridicules, de ce que la récolte d'une année ou deux aura été généralement satisfaisante. Je crois au contraire qu'il ne faut pas trop prôner une prospérité médiocre et ne pas trop se bercer d'un avenir qui peut-être sera désastreux. Il n'y a rien de moins assuré aujourd'hui, vu le bouleversement des saisons, que le succès des pénibles travaux de la terre.

Secondement, on sait que les prédictions de la Sainte Vierge ont été conditionnelles. En effet, dans le récit de Mélanie, on lit cette phrase : « Il viendra une grande famine, » puis un peu au-dessous : « S'ils se convertissent, les pierres et les rochers se changeront en montagnes de blé. » Donc, la famine n'est pas prédite d'une manière absolue. L'époque, l'année ne sont pas plus déterminées, ce qu'il est très-essentiel de remarquer. On dit simplement les conditions auxquelles les effets subséquents seront attachés. Si la persévérance dans le mal est aveugle et obstinée, les punitions et les châtiments en seront la suite ; si l'on revient à de meilleurs sentiments, si la conduite des pécheurs s'amende, la récompense ne se fera point attendre longtemps. Voilà tout le sens des prédictions de la Sainte Vierge.

Après cela, il ne nous appartient pas de décider si, à la suite de l'apparition, il y a eu, ou non, réparation suffisante, soit en général, soit dans des pays particuliers. Tout ce que l'on sait, c'est que la population de Corps a sensiblement changé ; c'est que la France effrayée par la perspective menaçante d'une famine redoutable et améliorée par les graces extraordinaires qui ont découlé du ciel à l'avènement de Pie IX, s'est émue profondément, et n'a pas laissé, malgré son indifférence religieuse, que de prêter une oreille docile aux voix éloquentes de ses prédicateurs. Les bienfaits moraux du jubilé de l'année 1847 n'ont pas été si restreints, qu'ils n'aient pu attirer, sur notre patrie malheureuse, les regards bienveillants de la Providence.

Remercions donc le ciel de nous avoir épargnés une fois de plus et ne nous hâtons pas, sottement et légèrement, d'en conclure qu'il n'y a rien à craindre de la famine, parce qu'elle aura été suspendue.

Surtout, n'allons pas accuser la Sainte Vierge de contradiction et de mensonge, parce que des menaces terribles, dépendantes d'une condition, n'auront pas été instantanément accomplies.

D'après la discussion précédente, il résulte que le discours de la Sainte Vierge n'est ni absurde ni ridicule. Bien plus, si l'on est impartial et si l'on considère la simplicité, la force, la vague mélancolie, l'autorité qui y règnent, on y reconnaîtra un certain caractère biblique qui en démontre la source céleste.

Cinquième objection. Si l'histoire de la Salette n'avait pas été fabriquée en un temps de disette et de terreur générale, elle n'aurait produit aucun effet sur les populations naturellement superstitieuses.

Réponse. 1º Si cette objection était fondée, il s'ensuivrait que la nouvelle de l'apparition n'a dû ébranler que les gens pauvres, misérables, réduits aux horreurs d'un état voisin de la famine; tandis que bon nombre de personnes, haut placées dans la société, et une foule d'autres qui n'avaient pas beaucoup à redouter les suites de la disette, ont été assez émues pour aller sur les lieux, interroger, examiner avec un soin scrupuleux, et, après s'être convaincues, donner leur adhésion à l'authenticité du fait. Il s'en suivrait encore, que parmi les voyageurs à la Salette, il ne faudrait compter que des esprits faibles, des idiots, des imbéciles, des fous, des exaltés, ou tout au moins des curieux; tandis qu'on a vu plus d'un homme distingué, plus d'un esprit au-dessus du médiocre, plus d'un lettré, prendre la chose en considération et l'examiner avec toute la maturité qu'exige son importance.

2º Ce n'est pas au cœur de l'hiver de l'année 1847 que la nouvelle de l'apparition s'est répandue; ce n'est pas au moment où l'anxiété générale était la plus vive ; c'est à la fin du mois de septembre 1846, alors que la saison n'avait encore rien de dur et d'effrayant. A la vérité, la récolte précédente avait été mauvaise, mais grâce aux intentions philantropiques des journaux qui avaient pallié la gravité des circonstances, personne ne concevait, à cette époque, de sérieuses alarmes. On pensait généralement que la France pourrait se suffire à elle-même et on était loin de prévoir qu'elle serait forcée de tirer sa subsistance des pays étrangers.

3º Ce n'est pas la crainte de la famine qui a rassemblé les 40,000 pèlerins du 19 septembre 1847. La récolte avait été faite ; les blés étaient dans les greniers ; on savait à quoi s'en tenir. Aussi, n'était-ce pas la famine qui faisait l'objet des conversations, mais bien l'apparition considérée en elle-même et dans ses admirables effets.

4º La Providence, dont la sagesse fait mouvoir les ressorts secrets qui doivent amener les résultats auxquels elle tend, a pu se servir de l'inquiétude des esprits, combinée avec l'apparition de la Salette, pour ramener dans plusieurs âmes égarées les sentiments de la foi et de la vertu.

5º Si la disette, la peur, le malaise général ont pu porter à croire à l'apparition, il ne faut pas vouloir tout attribuer à ces agents secondaires. Il y a quelque chose de plus que la peur imprimée dans l'âme des populations. Il y a le doigt de Dieu qui remue les masses, qui secoue l'apathie religieuse des hommes, qui produit ces mouvements inexplicables aux yeux d'une raison incrédule et superbe. Il y a le sentiment de la foi catholique, sentiment large, vif et profond qui ranime l'homme de bien et le fait tressaillir, lorsque la Providence daigne lui montrer un reflet de sa puissance et de son amour. Il y a le charme et la naïveté de deux enfants ; il y a la confiance dans l'efficacité d'une eau regardée comme une nouvelle piscine de Siloé.

Ainsi, qu'on n'impute pas à l'ignorance et à la superstition seules toute la vogue qu'a eue cet évènement. Qu'on se garde d'injurier ce peuple si grand et si magnanime aux yeux de la religion. Qu'on n'insulte point à sa foi, parce que c'est l'insulter dans le seul bien qui lui reste ; c'est lui ravir le dernier trésor qu'il possède ! . . .

Sixième objection. Tout ce que l'on rapporte de la Salette au sujet du miracle, n'est qu'un conte inventé à plaisir par M. le curé de Corps, de concert avec sa domestique, dans le but d'exploiter la crédulité publique et de gagner de l'argent.

Réponse. Cette opinion ridicule et absurde s'est tellement ré-

pandue dans plusieurs localités, qu'on est allé jusqu'à affirmer, sans le savoir, que M le curé de Corps avait été puni sévèrement. Selon le bruit, on l'avait convaincu de fraude et de supercherie, les gendarmes avaient étendu leurs griffes sur lui, il était désormais en prison, tout était fini. C'est pourquoi, une dame venue des Basses-Alpes, pour le jour de la grande fête, dit en riant à M. le curé : « Avant de partir, on m'avait assuré qu'il était super-
» flu de faire le voyage, attendu que vous étiez en prison ; mais,
» je vois qu'il n'en est rien, heureusement pour vous. »

Les feuilles publiques n'ont pas craint de se faire les organes de ces mensonges puérils.

Un journal de Lyon, *Le Censeur*, a inséré un article contre l'apparition de la Sainte Vierge, dans le numéro du 2 mai 1847. On y lisait cette phrase : « Un prêtre de ces montagnes alpestres a institué
» une Vierge, Notre-Dame de la Salette, l'a fait apparaître à de
» petits bergers et lui a fait faire des miracles. » Ce qui signifie, que ce prêtre sans foi et sans raison avait fabriqué des miracles à peu près comme on fabrique un article de journal. Ce qui signifie encore, que les prodiges inventés par les prêtres, sont les enfants perdus d'une imagination en délire, à l'égal des rapsodies qui naissent chaque jour dans le cerveau de certains journalistes.

Les calomnies atroces et impudentes du *Censeur* ne manquèrent pas d'être relevées avec beaucoup d'énergie, par M. Bouvier, chanoine et doyen de l'Église cathédrale de Grenoble. On en jugera par la lecture de la lettre suivante sur laquelle j'appelle l'attention du lecteur.

« Monsieur le Rédacteur du *Censeur*,

» Votre numéro du 2 mai 1847 contient, contre le clergé en général et contre celui de Grenoble en particulier, surtout contre un de ses membres, des imputations si injustes, si odieuses, tellement graves, qu'en ma qualité d'inculpé, au moins implicitement, je viens vous adresser mes plaintes et mes réclamations.

» Je ne relèverai pas toutes les inconvenances et toutes les erreurs de votre article : j'en viens au fait principal, qui me préoccupe, et je cite textuellement. Vous dites, Monsieur, qu'*un prêtre de ces montagnes alpestres a institué une vierge, Notre-Dame de la Salette, l'a fait apparaître à de petits bergers et lui a fait faire des miracles.* C'est là une inculpation grave, si grave, Monsieur le rédacteur, que l'Église, qu'on représente comme tolérant dans son sein tous les abus, a fait des lois qui frappent de censure et de la suspense de toutes les fonctions ecclésiastiques, non-seulement le prêtre qui serait assez impie et sacrilége pour pratiquer une pareille supercherie, mais aussi le prêtre simplement imprudent qui, sans l'approbation de son évêque, publierait de faux ou même de nouveaux miracles. Ainsi vous en convenez, et nous en convenons avec vous, le fait que vous imputez à ce prêtre inventeur, fauteur, propagateur de l'apparition de la Salette, serait un délit, un crime très-grave. Mais plus il est grave, plus il est odieux, plus il entraîne de suites fâcheuses, et plus aussi il faut avoir de preuves certaines, irréfragables, pour l'imputer à toute une classe de citoyens, à un individu quelconque, fût-ce même à deux pauvres bergers. Or, Monsieur, vous attribuez ce fait, ce crime, cette invention mensongère, cette supercherie, cette supposition de faux miracles, à un prêtre en particulier, et vous en rendez tous les autres responsables, coupables et complices, vous l'affirmez sans tergiversation ; vos paroles ne comportent pas l'ombre du doute dans votre esprit, et vous seriez blessé, sans doute, si on vous disait que c'est vous qui inventez et qui mentez, que vous avancez ce que vous ne savez pas, et que vous parlez contre votre pensée, contre votre conviction et sans preuve.

» Donc vous êtes certains de ce que vous dites, et vous avez la preuve de ce que vous affirmez avec tant d'assurance. Or, Monsieur, je ne vous dirai pas : je vous somme, je vous défie ; mais : je vous conjure en grâce, je vous supplie à mains jointes, au nom de la vérité, au nom de toutes les âmes honnêtes, nommez ce prêtre imposteur, démasquez cet hypocrite, ce sacrilége. Il n'en faut pas davantage pour faire tomber la prétendue supercherie qui vous pèse tant, et tout cet échafaudage d'exploitation de la crédulité et de l'argent des peuples contre lequel vous provoquez la sévérité des lois. Et nous aussi, nous ne demandons pas mieux que de connaître la vérité, et nous vous aurons la plus grande obligation, si vous signalez ce faux frère ; car l'honneur de la religion y est intéressé, et elle n'a pas besoin de s'entourer de faux miracles. Mais aussi elle a besoin de repousser la calomnie. Et de quel droit viendrait-on nous dire : C'est vous, prêtres, qui avez mis en avant ces enfants ; c'est vous qui les avez trompés et qui trompez les peuples ; c'est vous qui avez inventé et imaginé la supercherie de la Salette, simulé l'apparition de la Vierge, et supposé de faux miracles ? Vous l'avez dit, Monsieur le Rédacteur ; vous êtes donc obligé de nous fournir des preuves ou de publier un désaveu.

» En attendant votre réponse, permettez-moi de vous dire que ces deux pauvres bergers persévèrent toujours dans leurs dires, avec la même ingénuité ; qu'ils sont visités par des milliers de voyageurs de toutes les classes, qui les interrogent, les tournent, les retournent de toutes les façons pour les mettre en contradiction avec eux-mêmes et découvrir la fraude, s'il y en avait, sans réussir. Tous s'en retournent convaincus, ou du moins très-déconcertés. Je vous conseillerais, Monsieur le rédacteur, de faire aussi vous-même une petite visite à ces pauvres enfants. Peut-être leur vue, leur conversation dissiperaient-elles beaucoup d'erreurs et de préventions que des rapports mensongers ont élevées dans votre esprit sur leur compte et sur le compte du clergé. Que leur répondriez-vous quand ils vous diraient, par exemple, que la dame qui leur a apparu, au moment de se séparer d'eux, s'est élevée de trois à quatre pieds au-dessus du sol ; qu'alors sa tête a commencé à disparaître, puis le corps, puis les pieds ; qu'enfin elle s'est fondue comme la neige au soleil, selon l'expression de ces enfants ; et tout cela, en plein jour, au milieu d'une prairie, où il n'y a ni maison, ni arbre, ni buissons? Leur direz-vous qu'ils se sont trompés ? Mais il suffit d'avoir des yeux pour constater cette élévation et cette disparition. — Qu'ils sont des menteurs, que les prêtres leur ont fait la leçon ? Mais comment le savez-vous ? où sont vos preuves ?

» Au reste, ils vous répondraient ce qu'ils ont dit à tant d'autres, même à des prêtres : Nous vous rapportons ce que nous avons vu, ce que nous avons entendu ; si vous ne voulez pas le croire, cela nous est égal : croyez ce que vous voudrez. Il n'y mettent pas d'autres façons. Le clergé, bien loin de trop s'empresser, use au contraire à cet égard de beaucoup de réserve, de retenue et de la plus grande circonspection. Mgr. l'évêque a même défendu aux curés de parler en chaire de cet évènement. Il examine tout, et quand il en sera temps, il jugera et décidera, s'il y a lieu. En attendant, il n'a pas de raison de suspecter la bonne foi, la candeur, la véracité des deux bergers, en qui personne n'a pu découvrir la moindre trace de supercherie. Il ne peut, pas plus que le procureur du roi et les deux gendarmes, leur fermer la bouche et leur dire : Vous êtes des imposteurs.

» Quant à moi, Monsieur le rédacteur, les fausses inculpations m'ont toujours révolté autant que la supercherie ; c'est tout un : calomnies et mensonges. C'est pour les détruire, autant qu'il est en moi, que je me suis décidé, en mon propre et privé nom, sans même en parler à personne, de vous écrire et de vous prier de publier cette lettre dans vos colonnes ; ce que j'attends de votre impartialité.

» Agréez, etc.

» BOUVIER,
Chanoine et doyen de l'église cathédrale de Grenoble. »

Comment M. le rédacteur a-t-il répondu à ces chaleureuses paroles ? — Il n'a rien répondu. Comment a-t-il repoussé cette rude pointe ? — En gardant le silence. Quelle garantie a-t-il donné de ses pitoyables calomnies ? — Aucune. Quelle preuve a-t-il apportée de ses odieuses imputations ? — Pas une seule. Quel accueil a-t-il fait aux loyales et nobles réclamations d'un homme vénérable ? Il n'a pas osé en parler dans ses colonnes. Voilà donc les manœuvres ignobles des journalistes impies ! Voilà la conduite des vrais disciples de cet homme infâme qui donnait à ses amis cette grande leçon : « *Mentez, mentez, mentez toujours, il en restera quelque* » *chose.* » Ils mentent impudemment, ils accusent, ils noircissent, ils flétrissent, ils ridiculisent, ils inventent, ils affirment sans preuve et sans vraisemblance, et puis, quand on les flagelle, quand on les dénonce, quand on les accable, quand on leur montre leurs bévues, quand on met au jour leurs forfaits, ils se cachent et ils se taisent. Voilà les hommes qui égarent de plus en plus l'opinion publique !

Or, si le rédacteur en chef d'un journal publié à Lyon, c'est-à-dire, non loin du pays où a eu lieu l'apparition, n'a pu se procurer les renseignements nécessaires pour asseoir ses inculpations sur une base solide, qui pourra prouver catégoriquement que M. le curé de Corps a failli à la dignité de son caractère ? Où prendra-t-on les preuves ? Où trouvera-t-on des indices suffisants ? M. le curé a-t-il eu les deux bergers sous sa main longtemps avant l'événement ? Les a-t-il réunis régulièrement ou quelques fois dans son presbytère ? Leur a-t-il enseigné à lire et à écrire ? — Mais non, tout cela est faux. Toutes ces suppositions sont diamétralement opposées à l'histoire de Maximin et de Mélanie. Nous l'avons déjà dit, ils se connaissaient à peine. Mélanie passait les trois quarts de l'année chez des campagnards. Les deux enfants n'allaient à l'Église que rarement et en jeunes étourdis. Ils n'avaient avec M.

8

le curé aucune relation étroite et particulière. Par conséquent, on ne peut et on ne doit nullement supposer que M. le curé de Corps ait inventé et mis en circulation une fable sacrilége. D'ailleurs, eût-il voulu le faire, il n'aurait pu en venir à bout qu'au moyen de longs entretiens avec les deux bergers, et dès lors, il n'aurait pu éviter de se trahir aux yeux de la population.

Septième objection. Les habitants de Corps, voyant leur village pauvre et misérable, se sont coalisés et sont convenus de s'entendre pour soutenir la réalité d'une fable dont la célébrité devait avoir pour la richesse du pays les plus heureux résultats.

Réponse. De quelque manière qu'on envisage cette difficulté, on la trouve absurde et ridicule.

Ou le complot dont il s'agit a été formé par tous les habitants de Corps, ou il a été tramé et mis à exécution par une partie seulement.

Dans le premier cas, il faut supposer que deux mille personnes sont parvenues à s'entendre sur un point aussi délicat que celui d'une apparition. Toutes les distinctions de rang, de fonctions, de fortune, toutes les rivalités et toutes les inimitiés de famille, toutes les variétés d'opinion, de sentiments religieux; toutes les chances d'échouer, aucun obstacle en un mot, rien n'a pu arrêter, entraver, tuer dans son origine un calcul aussi impie que grossier. S'il est possible de fixer un instant l'esprit sur une hypothèse aussi dénuée de probabilité, on ne tardera pas à reconnaître que jamais opinion ne fut moins vraisemblable. Laissons-la de côté.

Dans le second cas, puisque tous n'ont pas pris part au complot, il faut nécessairement classer les habitants de Corps en deux catégories : la catégorie de ceux qui ont dupé, et la catégorie de ceux qui ont été dupés. Or, quels sont ceux qui forment la première et quels sont ceux qui composent la seconde? problème assez difficile à résoudre. Tâchons cependant de discuter les différentes hypothèses que l'on peut concevoir.

Dans un pays quelconque, il y a une partie de la population qui a de son côté l'argent, l'aisance, l'honneur, la considération et les moyens les plus puissants pour exercer son influence. En-dessous de la précédente, il y en a une autre qui, n'ayant ni richesses, ni ressources, ni apparat, possède, tout au plus, le droit de vivre en obéissant. Eh bien! auquel de ces deux ordres, veut-on rapporter l'honneur ou plutôt l'infâmie d'avoir trompé le public ? Dira-t-on que la partie influente du pays, en dupant la classe inférieure, a voulu exploiter sa crédulité au profit de ses intérêts égoïstes? Mais un tel calcul dans des hommes que la fortune a mis à leur aise aurait été bien mesquin, bien frivole et bien hasardé ; de plus, plusieurs d'entr'eux étant fonctionnaires publics, une si noire perfidie, si elle venait à être connue, pouvait entraîner les conséquences les plus défavorables à leur ambitieuse cupidité. Et puis, par quel moyen imposer une opinion religieuse à la population, sans la gagner et sans se concerter avec elle? Auquel cas, le complot aurait été universel ; ce qui répugne à la raison et au sentiment. Dira-t-on que les pauvres et les misérables ont eux-mêmes conduit toute l'affaire? Mais alors, d'où vient que les autorités ne se sont aperçues de rien? Comment se fait-il que, ni M. le curé, ni M. le maire, ni le juge de paix, ni le brigadier de la gendarmerie, n'aient rien découvert ? D'où vient qu'il y a eu surprise générale dans le pays, et que des enquêtes sérieuses ont été aussitôt pratiquées ?

Il n'y a donc pas ombre de vraisemblance à admettre que les habitants de Corps se sont entendus, et il faudrait dévorer une foule d'impossibilités pour s'arrêter à cette supposition.

Après tout, supposé que la chose se fût passée de la sorte, ils n'auraient pas fait preuve de grande habileté en prenant pour héros de la scène deux enfants tels que Maximin et Mélanie. Il faut convenir aussi, qu'ils auraient eu peu de tact, peu de goût et peu de politesse en instituant un pèlerinage sur une montagne, telle que la montagne *Sous-les-Baisses*. Au moins, auraient-ils dû choisir un endroit un peu plus accessible et un peu plus rapproché de leur village. A tromper, il fallait tromper avec quelque apparence de raison, avec finesse, avec vraisemblance; il fallait consulter un peu la commodité des voyageurs, respecter leur faiblesse compatir à leurs infirmités. Mais les barbares!..... Ils n'ont pas eu de compassion. Voilà à peine leur menteuse histoire mise au jour, que des milliers de pèlerins, soit hommes, soit femmes, soit enfants, soit vieillards, soit riches, soit pauvres, soit robustes, soit malades, se sont mis à grimper, à travers des sentiers rocailleux et impraticables, sur une hauteur de quatorze ou quinze cent mètres au-dessus du niveau de la mer. Encore, s'ils avaient eu assez de bon sens pour s'éviter à eux-mêmes les corvées auxquelles ils voulaient condamner les autres, mais les imbéciles! Ils se sont prescrit, toujours dans l'intention de tromper, des processions, ou si l'on aime mieux, des promenades qui durent quatre heures pour aller et quatre heures pour revenir. En vérité, ils méritent de faire fortune !...

Huitième objection. Depuis quelques années, les missionnaires de Provence ont été chassés de Notre-Dame du Laus, lieu de pèlerinage situé dans le département des Hautes-Alpes. Voulant se venger de cet échec, voici l'expédient auquel ils ont eu recours. Ils ont imaginé d'élever autel contre autel ; ils ont voulu opposer pèlerinage à pèlerinage, miracles à miracles, célébrité à célébrité. Notre-Dame du Laus attirait une foule de voyageurs, eh bien ! par esprit de haine et de vengeance, ils ont institué Notre-Dame de la Salette. Et cela, dans un département limitrophe, dans le département de l'Isère, prenant ainsi les moyens les plus efficaces pour ruiner l'influence qu'exerce depuis longtemps le sanctuaire du Laus.

Réponse. En vérité, pour qui connaît les pères de Provence, et les lieux où ils résident, pour qui connaît Corps et ses environs, pour qui connaît les habitants de ces contrées, l'objection précédente est bonne tout au plus pour exciter un agréable mouvement d'hilarité. Elle est si peu sérieuse, qu'elle n'a pu se présenter qu'à des esprits, ou très-légers, ou aveuglés par de ridicules préjugés.

Que les missionnaires de Provence aient quitté le Laus, c'est un fait. Que les missionnaires de Provence en aient été profondément affligés, c'est une vérité ; mais, que les missionnaires de Provence soient les auteurs du miracle de la Salette, c'est une monstrueuse erreur.

Comment auraient-ils pu concevoir l'idée d'établir une concurrence sacrilége ? Quelle folie et quelle dépravation dans un pareil projet !

En supposant qu'ils eussent poussé la vengeance jusqu'à user de moyens si iniques, comment expliquerait-on leur succès ? Comment auraient-ils fait pour se concerter avec les deux jeunes bergers, pour les séduire, les former à jouer leur rôle, sans que leur conduite fût parvenue aussitôt à la connaissance du public ? Quand est-ce qu'on les a vus passer à Corps, y demeurer, y monter leurs batteries infernales ? Qu'on cite leurs noms, les époques de leurs voyages, les jours où ils sont allés à la Salette, en compagnie de Maximin et de Mélanie ? Qu'on précise ces divers points, si on le peut ; alors la difficulté que l'on propose aura acquis une force et une puissance dont elle est totalement dépourvue.

Neuvième objection. Il n'y a pas eu de miracle de premier ordre propre à confirmer le fait de l'apparition.

Réponse. Avant que l'autorité compétente ait prononcé son jugement, avant qu'elle ait publié les faits sur lesquels elle fonde sa décision, il est difficile de savoir précisément s'il y a eu ou non des miracles de premier ordre, propres à confirmer la croyance populaire.

Quand même on ne pourrait citer que des prodiges d'un ordre secondaire, je ne sais trop si l'on n'aurait pas alors des preuves suffisantes de l'authenticité du fait. A mon avis, le point essentiel et délicat, c'est d'en constater l'existence et la réalité. Après cela, si ces guérisons sont bien avérées, si elles ont eu lieu à l'occasion et par l'intermédiaire de l'eau devenue célèbre, si elles dépassent les forces de la nature, je ne vois pas qu'il y ait si grand mal à les regarder comme un témoignage suffisant de la vérité du miracle.

Quoi qu'il en soit, l'autorité ecclésiastique de Grenoble, par suite d'une enquête, possède des documents sur une *quinzaine* de faits. C'est à elle à les discuter, à les apprécier et à les juger.

Pour satisfaire la curiosité du lecteur, je citerai ici deux exemples de guérison, tels qu'ils ont été rapportés par des personnes dignes de foi.

Premier exemple.

« Au mois de novembre dernier (1846), c'était le 27, plus de quinze
» cents personnes réunies de toutes les communes environnantes
» se trouvèrent sur le mont *aux Baisses* ; la neige était tombée
» pendant toute la nuit, elle tombait encore à gros flocons pen-
» dant le pieux pèlerinage ; là on chanta l'office de la Sainte
» Vierge avec enthousiasme, aucun ministre des autels ne pré-
» sidait à la religieuse assemblée, lorsque, au moment du départ,
» un cri se fait entendre : c'était une femme hydropique qui,
» portée par son fils et son mari, agenouillée dans la neige,
» avait demandé sa guérison avec tant de ferveur, qu'elle se sentit
» subitement soulagée. Que ferai-je, disait-elle à son mari, dans
» l'enthousiasme de la reconnaissance, pour rendre mes actions
» de grâces à Marie ? Alors elle arrache une croix d'or qu'elle
» portait appendue à son cou, et la fait fixer à la croix de bois
» devant laquelle elle avait prié. Cette femme, du lieu appelé

» *Dévoluy*, aux environs de Corps, a descendu la montagne à
» pied ce même jour ; elle a battu son blé pendant l'hiver, et re-
» mercie chaque jour la divine Marie de lui avoir rendu la santé. »

Second exemple.

(Extrait d'une lettre datée d'Avignon, 1er mai 1847.)

« Rien n'est plus admirable que la guérison de la sœur hospita-
» lière, dont je vous ai déjà parlé. Ce matin, j'en ai reçu encore
» de nouveaux détails du . . . . . . , qui a vu ce spectre habillé et
» en a eu peur. Ces mille détails seraient trop longs à rapporter.
» Je les résume en disant que cette religieuse de vingt-quatre ans,
» au lit depuis huit années, était arrivée au dernier degré de
» phthisie pulmonaire. Depuis quatre mois et demi elle ne prenait
» qu'un peu d'eau sucrée; sa faiblesse était telle que la veille de
» sa guérison, elle s'évanouit dans son lit pour un léger mouve-
» ment à propos de son oreiller qu'on voulait renouveler. Le jour
» de sa guérison, à sept heures du matin, elle crachait encore ses
» poumons; à sept et quart, elle était levée, hors du lit et s'habil-
» lait elle-même au plus vite pour aller servir deux autres reli-
» gieuses malades dans la même chambre, lesquelles, l'entendant
» parler et la voyant marcher, eurent une telle frayeur qu'elles se
» mirent à pleurer, crier, et une d'elles perdit connaissance.

» Au bruit de l'infirmerie, la tourière accourt (la communauté
» était à la messe de Mgr. de Prilly, évêque de Châlons); en voyant
» la mourante sur pied et habillée, elle tombe à terre d'étonnement
» et de frayeur. La sœur guérie quitte l'infirmerie, court à l'église,
» se met dans un coin, à genoux sur le pavé, et entend ainsi le
» reste de la messe. Après la messe, la communauté, qui l'aper-
» çoit, reste interdite. Quoi ! c'est la sœur Saint-Charles ! . . . . .
» Il fallut bien le croire. Elle se rend au réfectoire pour le dé-
» jeûner, et avale de bon appétit une soupe au choux et un
» morceau de pain bis.

» Le médecin vient faire sa visite ordinaire. Il n'est pas possi-
» ble de rendre l'état de stupéfaction où le mit la vue de cette gué-
» rison si parfaite, si entière, si instantanée; non-seulement la
» malade était guérie, mais, chose bien plus étonnante, après
» un séjour au lit de huit ans, elle était pleine de force et de

» vigueur dans ses membres, pleine d'agilité dans sa marche. Le
» médecin n'en pouvait croire ses yeux ; il la met à l'épreuve, lui
» fait descendre et monter les escaliers, la fait tenir debout une
» heure entière, lui fait porter d'un bout de la chambre à l'autre
» une table chargée, pesant quatre-vingts livres. Ce n'était pas
» assez : la sœur offre de porter dans ses bras une de ses sœurs,
» et de la déposer dans une autre chambre ; la permission don-
» née, elle prend une sœur et la porte avec facilité et sans fatigue
» cinquante pas plus loin. Ce qui m'étonne le plus dans la sœur
» Saint-Charles, m'écrit la supérieure, c'est de voir que depuis le
» matin jusqu'au soir, sans interruption, elle parle et raconte sa
» guérison au nombre prodigieux de visites dont on l'accable ; elle
» qui ne pouvait soutenir la conversation de deux personnes, tient
» tête à toute la ville, qui vient la voir. Depuis quinze jours, en
» effet, les curieux affluent au couvent pour considérer le miracle
» de Notre-Dame de la Salette. Du jour même de la guérison, la
» religieuse s'est remise à toutes les observations de la règle ; elle
» dit l'office au chœur et chante par-dessus toutes les autres.

» Une autre religieuse, qui faisait la neuvaine, a été également
» guérie, mais d'une autre manière. Elle était malade depuis deux
» ans, par suite d'une grande frayeur qu'elle éprouva la nuit où la
» malveillance mit le feu au couvent. Cette frayeur lui tourna le
» sang ; son corps se couvrit de plaies qu'on essayait en vain de
» guérir. Au bout de quatre jours de la neuvaine, elle se sentit
» beaucoup mieux ; le sixième, toutes les plaies étaient guéries
» et la sœur rendue aux observances de la communauté. La sœur
» tourière, par suite de cette affreuse nuit, était devenue hydro-
» pique ; quoique non arrêtée, elle souffrit beaucoup de cette
» maladie ; aujourd'hui elle est guérie. »

Dixième objection. Toute l'histoire de la Salette n'est qu'un mensonge grossier ; ce qui le prouve, ce sont les jongleries, escroqueries, ventes de médailles, de complaintes, de brochures, d'eau frauduleuse auxquelles elle a donné lieu.

Réponse. J'avoue qu'un nombre considérable de colporteurs, de marchands et d'escrocs se sont emparés avidement d'une occasion propice pour exploiter à leur façon la crédulité du peuple. Sans attendre aucune espèce d'autorisation, ils ont distribué partout une foule d'objets ayant rapport à l'évènement, conduite qui a été beaucoup plus nuisible qu'utile pour accréditer le fait, surtout auprès des personnes sensées. En cela, il faut le dire, tous ceux qui se sont livrés à ce métier aussi ridicule que sacrilége, sont blâmables et très-blâmables. Ils ne se sont pas contentés de faire les charlatans ; ils ont exposé la religion à des outrages sanglants qu'elle était loin de mériter. C'est là un abus indigne et révoltant qui doit être, en pareil cas, réprimé avec sévérité. Ainsi, je conviens qu'il est pitoyable de voir des hommes avides d'argent tromper les voyageurs, en leur vendant, pour dix sous, vingt sous, quarante sous, un litre d'eau puisée à la fontaine de Corps, comme si c'était de l'eau de la Salette. C'est ce qu'on appelle voler, gruger, *flouer* à peu de frais et sans trop de peine.

Mais, après tout, ces désordres inhérents à la malice et à la perfidie de l'homme, peuvent-ils effacer, détruire, renverser tout ce que le fait, pris intrinsèquement, peut contenir de véritable ? Que, dans les choses saintes, des abus se glissent et naissent de la part d'hommes très-peu sanctifiés, c'est un malheur déplorable. On ne voit que trop, chaque jour, l'humanité abuser des meilleures institutions. Mais qu'il faille conclure au rejet d'une œuvre, d'un fait, d'une idée, parce qu'on aura essayé d'en défigurer le caractère, ce serait là, sans doute, un excès non moins funeste que le premier.

Quel est donc le parti que doit prendre l'homme sage ? Comment doit-il se conduire en face des écueils ? Il est évident qu'il doit peser toutes ses démarches, examiner avec soin les éléments complexes et les faces diverses de la question. Il doit agir lentement, prudemment, veiller à ce que son jugement, sa bonne foi ne soient point victimes de la surprise et de l'erreur. S'il craint d'être dupé, s'il n'ose compter sur la fidélité des personnes auxquelles il s'adresse, il doit les épier, les examiner, les sonder, afin de démêler la vérité du mensonge.

A ce sujet, je raconterai le trait suivant :

Le jour de la fête, 19 septembre, un ecclésiastique offrit une récompense à un enfant, s'il s'engageait à lui procurer un flacon d'eau prise à la source même du *Sezia*. L'enfant qui ne désirait pas mieux que de gagner quelques sous, accepta la proposition et descendit immédiatement dans le ruisseau. Malheureusement pour lui, la foule était si serrée auprès de la fontaine, que, nonobstant ses efforts, il ne put parvenir jusqu'à elle. Alors, pressé d'un côté par sa promesse, de l'autre, arrêté par un obstacle puissant, il usa de supercherie. Au lieu de remplir le flacon avec l'eau pure de la source, il s'approvisionna de l'eau bourbeuse qui est fournie par les écoulements des gorges voisines. Un instant après, il était en face de l'ecclésiastique et il lui demandait la rançon convenue. Celui-ci, ayant soupçonné, non sans raison, la bonne foi de son commissionnaire, n'avait laissé échapper aucun de ses mouvements et avait pu découvrir avec certitude son ingénieuse fraude. Aussi usa-t-il de représailles. Ayant pris le flacon dans sa main, il étendit le bras et répandit à terre toute l'eau qu'il contenait. Cette réponse significative indiqua d'une manière tacite à l'enfant confus et désappointé, qu'il n'avait qu'à se retirer. Tel fut le prix de sa peine. Toutefois, l'ecclésiastique ne fut point ébranlé dans sa confiance, bien qu'il eût été sur le point d'être dupé.

Concluons de là que le charlatanisme déployé par des individus méprisables, à l'occasion du miracle de la Salette, n'est pas un motif suffisant pour nous inspirer des doutes graves. Autre chose est avancer des faits controuvés, autre chose est abuser, par spéculation, des faits véritables. S'il fallait abolir tout ce qui dans les mains de l'homme peut être un instrument de ruine, on aurait bientôt fait table rase des institutions divines et humaines.

Je dois m'arrêter ici. Je crois avoir rempli la tâche que je m'étais proposée, celle d'être narrateur et défenseur. J'ai fait part de mes impressions, j'ai raconté de la manière la plus détaillée les circonstances de mon voyage ; j'ai essayé de donner une idée exacte des temps, des lieux, des personnes et surtout de Maximin et de Mélanie. Mon but est rempli. Après cela, libre à chacun d'embrasser l'opinion qui lui paraîtra la plus digne de foi. Ce n'est pas à moi qu'il appartient de prononcer un arrêt touchant l'authenticité du fait. Cette charge concerne l'autorité épiscopale ; elle seule, par ses lumières, par ses ressources, par son pouvoir, est en position de formuler un jugement solide et éclairé. Sa décision, si elle en porte une, sera donc pour nous le moyen le plus sûr pour éclairer nos consciences et fixer nos incertitudes.

Mais de même qu'il est facultatif de rejeter un évènement surnaturel que l'Église n'a pas encore reconnu, de même il est permis de lui donner son assentiment avant qu'elle ne l'ait flétri de sa censure. C'est pourquoi, jusqu'à preuve du contraire, j'admets comme réel le fait de l'apparition miraculeuse de la Sainte Vierge. On ne trouvera pas, je pense, cette opinion si ridicule, en se reportant aux motifs que j'ai eus de l'embrasser, motifs qui résultent de l'ensemble des documents que j'ai pu me procurer. Il est vrai, qu'aucune preuve prise en particulier n'est peut-être assez forte pour entraîner la conviction, mais la masse, le faisceau des probabilités plus ou moins grandes que j'ai groupées, ne laisse pas que de commander le respect, la réflexion et, j'oserai dire, une demi-certitude.

Aussi, étant sur la montagne célèbre, le jour de la fête, avant même d'avoir acquis toutes les lumières que mes recherches m'ont fournies depuis, j'eus l'honneur et l'idée d'exposer à un respectable curé le raisonnement suivant que je maintiens dans toute sa rigueur et dans toutes ses conséquences :

« L'évènement de la Salette, à l'heure qu'il est, ne peut peut-
» être pas revendiquer en sa faveur des preuves tellement fortes,
» qu'elles établissent incontestablement son existence et son carac-
» tère miraculeux ; mais, en revanche, on peut défier qui que ce
» soit de prouver qu'il est faux, et s'il y a impossibilité de démon-
» trer qu'il est absurde, il faut conclure, à raison des faits qui
» l'ont ou précédé, ou accompagné, ou suivi, qu'il est au moins
» très-croyable. »

FIN.

ARTICLE SUPPLÉMENTAIRE,

Ou l'on cite deux lettres venues de Corps, en date du 5 février et du 28 mars 1848.

Il est naturel de se demander si, depuis le grand concours du 19 septembre 1847, il n'est rien survenu dans la conduite et dans les rapports des enfants avec le monde, qui puisse infirmer la vérité de leur témoignage. On aimerait aussi à savoir si la vénération et l'empressement des fidèles ne se sont pas ralentis. Eh bien ! pour satisfaire cette curiosité très-légitime, je reproduis ici les réponses explicites qui m'ont été faites à ce sujet, par une personne assurément très-digne de foi. Afin de mettre plus de précision, elle a répété les questions qui lui avaient été adressées, et les a fait suivre d'une réponse aussi concise que catégorique.

« Monsieur l'Abbé,

» Je m'empresse de vous répondre. Afin d'être plus brief,
» j'expose simplement vos demandes en les faisant suivre des ren-
» seignements que vous attendez.
» N'est-il rien survenu qui puisse faire douter de la vérité du
» fait ?
» — Absolument rien.
» — Les enfants persévèrent-ils dans leurs affirmations ?

» — Ils ont toujours été et sont encore invariables.

» — N'ont-ils rien divulgué par rapport à leur secret?

» — Ils sont inattaquables sur ce point ; promesses, menaces,
» rien n'a pu le leur faire trahir.

» — Le concours des pèlerins a-t-il continué?

» — Oui, et toujours avec le même empressement, jusqu'à ce
» que la neige ait empêché l'accès de la montagne ; alors ils se
» sont arrêtés à Corps, et d'aussi près qu'il était possible, ils
» ont invoqué la bonne Mère.

» — Y a-t-il eu, depuis le 19, quelque concours considérable?

» — Il y a eu des concours de 1,000, 1,200 et 1,500 personnes :
» mais le souvenir du 19 était encore *trop frais* et *trop écrasant*
» pour qu'ils fissent sensation.

» Agréez, etc..... *** »

Corps, 5 février 1848.

« Monsieur l'Abbé,

» Plusieurs personnes ont pensé, comme vous, que les graves
» évènements qui se sont passés, et qui vont se développer en
» France avaient quelque liaison avec l'apparition. Si cela est, Dieu
» s'en est réservé le secret. Les deux enfants n'ont encore rien
» divulgué. Ces évènements n'ont influencé en rien leur conduite,
» qui est toujours absolument la même, quant à ce fait.

» J'ai l'honneur d'être..... »

Corps le 28 mars 1848.

TABLE

DES

MATIÈRES CONTENUES DANS CE VOLUME.

INTRODUCTION

Ou aperçu philosophique sur l'apparition de la Sainte Vierge à la Salette.................................... 5

CHAPITRE PREMIER.

Résumé des faits. — Observations préliminaires.......... 25

CHAPITRE SECOND.

Souvenirs intimes de voyage. — Description très-détaillée de la grande fête du 19 septembre. — Interrogatoire de Maximin et de Mélanie................................. 31

CHAPITRE TROISIÈME.

Réponses admirables de Maximin et de Mélanie à différentes personnes qui ont voulu les embarrasser et leur arracher le secret....................................... 89

CHAPITRE QUATRIÈME.

Réponses à dix objections principales contre l'apparition miraculeuse de la Salette........................... 99

ARTICLE SUPPLÉMENTAIRE,

Où l'on cite deux lettres venues de Corps, en date du 5 février et du 28 mars 1848............................ 123

FIN DE LA TABLE.

ERRATA.

Pages.	Lignes.	
12	— 15	Parles prophètes, *lisez* par les prophètes.
22	— 20	La veille du jour où, etc., *suppléez cette note explicative*. On sait que, dans l'Église, la solennité et par conséquent l'influence mystérieuse des fêtes commence la veille vers les deux heures du soir qui est l'heure des premières vêpres : or, d'après ce qui est dit à la page 60, c'est précisément vers cette époque du jour que l'apparition aurait eu lieu, c'est-à-dire, au moment même où s'ouvrait dans l'Église la fête de Notre-Dame-des-Sept-Douleurs.
36	— 11	Cette interrogatoire, *lisez* cet interrogatoire.
42	— 12	Scrupubles, *lisez* scrupules.
61	— 1	Quelqe, *lisez* quelque.
63	— 36	Desoutenir, *lisez* de soutenir.
64	— 36	Été enivré, *lisez* enivré.
76	— 3	Éclairé, *lisez* éclairé.